LEIPZIGER ALLERLEI – ALLERLEI LEIPZIG

Ulla Heise · Andreas Reimann

LEIPZIGER ALLERLEI – ALLERLEI LEIPZIG

Ein leicht bekömmliches Lesebuch vom Essen und Trinken
aus fünf Jahrhunderten

Rezeptauswahl von Kathrin Frančík

FORUM VERLAG LEIPZIG

ISBN 3-86151-044-8

1. Auflage
© FORUM VERLAG LEIPZIG
   Buch-Gesellschaft mbH
Schutzumschlag: Matthias Dittmann unter Verwendung
von Holzschnitten von E. Doepler
Satz: Schroth Fotosatz GmbH i. G., Limbach-Oberfrohna
Druck und Binden: Offizin Andersen Nexö GmbH, Leipzig

INHALT

MORGENS

Lob der Schenke 1 8
Das Urteilsfrühstück im 16. Jahrhundert 9
Friedrich Schiller »mit rundgeschnittenen Haaren, Kurier-
stiefeln und Hetzpeitsche« beim Morgentrunk? 12
Das Frühstücksei oder »Spieglein, Spieglein in der Pfanne« . . . 15
Es ist die Lerche, nicht das Käsebrot 18
Die Freuden der Frühe im Knast 1969 22
Heutzutage morgens in meiner Stammkneipe 23

MITTAGS

Lob der Schenke 2 32
Trincirbücher aus Leipzig 33
Die Kost der Leipziger Studenten des 16./17. Jahrhunderts . . . 37
Leipziger Magisterschmäuse 40
Vom *Blauen Hecht* zum *Güldenen Ochsenkopf* 44
Schändliche Schmähschrift auf Leipziger Wirtin: ein Beitrag
zur deutschen Nationalliteratur des 17. Jahrhunderts 53
Lob der Schenke 3 56
Die »Tafelloge« oder Wo die Freimaurer um 1800 speisen 57
Rezept aus dem Altertum 63
Rezept aus der Gegenwart 64
Leipziger Allerlei mit »des Krebses rodher Leiche« 65
Schwein gehabt – Leipziger Schlachtfeste um 1900 68
Das Wellfleisch zu Wellaune 72
»Löwenschwanzsuppe gefällig?« 74
Zoo-Logik 78
Der Biene muß! 79
Mitschurin hat festgestellt 83
Großmutters Begierden in den 60er Jahren 86
Die Freuden des Mittags im Knast 1969 89
Was der Bauer nicht kennt 91
Leipziger Sünden-Saga 95

NACHMITTAGS

Fisch-, Korn- oder Fleischmarkt? Nein – Naschmarkt! 106
»Sächsisch Confect« im 30jährigen Krieg 108
Gibt es eine sächsische »Kaffeekantatenliteratur«? 111
Der »literarisch-musikalischste Salon« im galanten Sachsen .. 116
Kuchenbretter, die die Welt bedeuten 122
». . . es soll euch anheimeln in unserer Gartenlaube« 132
Nietzsche im Garten *K.* 136
Kafka im *Schloß W.* 138
Lohn der Sparsamkeit 141
Polizisten-Humor im Jahr 1970 oder Keine Haftung für
    Garderobe 143
Von *Cockpit* bis *Csarda* – eine Leipziger Kneipenmeile 145

ABENDS UND NACHTS

»Was übrig bleibt, wird mitgenommen« 150
Die »Pausenlimonade« im 17./18. Jahrhundert 152
Leipzigs erster *Italiener Keller* 156
»Ihr naht euch wieder, schwankende Gestalten . . .« 163
»Mein Leipzig lob ich mir . . .« 167
Die Leipziger »Wurstsatzliteratur« 170
Das Bier heißt Gose 173
Ohne Bedenken nach 1958 176
Gastfreundliche Gastronomie 178
Königliche Sprachverwirrung 179
Wenn ich an Georg Maurer denk' 180
Ein Empfang um 1965 181
Die Stadtwanderungen der Schwulen zur DDR-Zeit 185
Soldatentage 190
Letzte Nachrichten vom *Kaffeebaum* 193
Verpaßte Chance 1990 198
Brief aus der *Mitropa* 200
Lob der Schenke 4 204

ANHANG

Literatur
Bildnachweis

MORGENS

Lob der Schenke

I

Oh Stampe, Kneipe, Freisitz, Schnellbuffet,
Mitropa-Scheune, Gasthof, Bierlokal,
oh Eissalon und Bistro und Café
und Restaurant und Bar: Welch Qual der Wahl

für Pichelbrüder, Esser und Gourmet,
die in jedwedem um den Vortritt streiten,
der nicht sich selber einfügt ins Klischee:
Wer nichts probiert, kennt keine Möglichkeiten.

Er bleibt der Bockwurst leblang wohlgesonnen.
Kein reiner Wein ist jeh in ihn geronnen.
Das Tier, das er verschlingt, kam sinnlos um.

Mehlsoßenkasper, der die Welt nicht schmeckt!

Ich aber hab statt eines Sterns entdeckt:
Tomaten, Schafskäs' und Basilikum!

AR

Das Urteilsfrühstück im 16. Jahrhundert

Nein, von einer Henkersmahlzeit ist hier nicht die Rede, sondern vom – wie wir neudeutsch sagen würden – Brunch (= Zwischenform von breakfast und lunch) an der Leipziger Universität im 16./17. Jahrhundert. Die öffentlichen Abschlußprüfungen finden im Januar statt und dauern drei Tage. Am vierten Tag wird zwischen 7 und 10 Uhr jedem Studenten sein Urteil (von Summa cum laude bis Ride) verkündet. Danach leisten sich der Dekan, der Prokanzler und die vier prüfenden Professoren (Examinatoren) als »Lohn ihrer Mühen« während der anstrengenden Prüfungstage ein ausgiebiges Frühstück, das zum größeren Teil von den Studenten, zum kleineren vom Dekan und Lehrkörper selbst bezahlt wird. Dieser Urteilsschmaus (Prandium iudicii) beginnt gegen 10 Uhr und endet spätestens 13 Uhr.
Verantwortlich für die Herrichtung des Frühstücks, das im Zimmer der Senioren im *Neuen (Roten) Collegium* (ehem. Ritterstraße 16) stattfindet, ist der Dekan. Tatsächlich jedoch ist es dessen Frau, die sich um alles kümmern muß. Sie stellt für diesen Tag eine Köchin und mehrere Dienstboten an, die zum Beispiel das Zimmer heizen und notwendige Handreichungen tun. Aus den erhaltenen Küchenrechnungen im Manuskript »Liber culinarius« läßt sich ziemlich genau entnehmen, was eingekauft wird. Daß davon alles auf den Tisch gekommen ist, kann angenommen werden: Aufgegessen

E. Doepler, Buchschmuck zu »Leipziger Magisterschmäusen«, 1905

wird es von den sechs Personen wohl auf keinen Fall!
Im Jahr 1572 sind es: 11 Pfund Schöpsenfleisch,
10 Pfund Kalbfleisch, 4,5 Pfund Schweinebraten,
1 Klaue, 2 Kapaunen.
Im Jahr 1576: 1 halbes Kalb, 1 Lendenbraten, 1 Hahn,
6 Pfund Schöps, diverse Lachse, Hechte, Bratfische und
Karpfen. Außerdem gibt es Obst, Kuchen, Salate und
verschiedene Getränke. Wie der Urteilsschmaus im einzelnen hergerichtet und wie die Speisen aufgetragen,
tranchiert und verteilt werden, läßt sich nur schwer re-
konstruieren.
Möglicherweise in der Reihenfolge:

1. Süße Suppe (z. B. Mandelsuppe) und/oder
   Fischsuppe (vom Hecht mit Pfefferkuchen und
   Semmeln)

10

2. Fischgänge (Hecht, Zander, Karpfen), meist gesotten
3. Bratengänge (Kalb, Schöps, Schwein, Geflügel, (Wildbret nur, wenn es geschenkt war) mit Brot/Semmeln und Beilage (Pfeffer- und Salzgurken)
4. Salate (Rote Rüben, Brunnenkresse)
5. Kompott (Kochbirnen, Apfelmus)
6. Kuchen (Spritz-, Propheten- und gebrannte Kuchen)
7. Obst (Birnen, Nüsse, Borsdorfer Äpfel)

Das Bier wird aus Kannen geschänkt oder aus dem Faß gezapft, der Wein (zumeist Malvasier) steht in Kannen oder Eimern neben der Tafel. Jeder der Herren hat eine Schüssel, einen Löffel und einen Becher am Platz. Gabeln sind noch unbekannt.

Im Jahr 1629 wird der aufwendige Urteilsschmaus, der wohl ursprünglich in erster Linie als Naturalleistung der Studenten an ihre schlecht bezahlten Professoren gedacht war, abgeschafft. Die Professoren haben Bargeld nötiger als ein ohnehin nicht vertilgbares Riesenbuffet. Fast fünfzig Jahre lang müssen die Studenten nunmehr ihren Prüfern für den »entgangenen Urteilsschmaus« eine Entschädigungssumme von 12 Talern zahlen. Im Jahr 1675 fällt auch diese weg, weil die sächsische Landesregierung die Universitätsleitung bedrängt, unbotmäßige Geld- und Naturalforderungen an Studenten, die eigentlich nur ihre Abschlußprüfung machen wollen, einzuschränken.

UH

Friedrich Schiller
»mit rundgeschnittenen Haaren, Kurierstiefeln und Hetzpeitsche« beim Morgentrunk?

Als Friedrich Schiller 1785 in die Messestadt kommt, ist er als Autor der »Räuber« bereits eine bekannte Persönlichkeit. Leider erfüllt sein Äußeres, wie Schiller selbst mitteilt, so gar nicht die Erwartungen der Leipziger. »Vielen wollte es nicht zu Kopfe, daß ein Mensch, der die Räuber gemacht hat, wie andre Muttersöhne aussehen soll. Wenigstens rundgeschnittene Haare, Kurierstiefel und eine Hetzpeitsche hätte man erwartet.«
Nein, mit riesigen Lederstiefeln oder mit der Hetzpeitsche flaniert der junge Poet nicht durch Leipzig. Ganz im Gegenteil! Im Schlafrock geht er spazieren! Allerdings nicht in den ersten vierzehn Tagen seines Aufenthaltes, wo er in der Herberge und Weinschenke *Zum Blauen Engel* (ehem. Peterstraße 20, seit 1818 *Hotel de Russie*, heute Messehaus Petershof) und danach im *Grossen Joachimsthal* (Hainstraße) wohnt. Erst, als er Anfang Mai 1785 nach Gohlis umgezogen ist, beginnt er den Tag nicht mit dem Frühstück, sondern mit einem zweistündigen Spaziergang.
Es sieht ihn dabei fast niemand, denn er tut dies in aller Herrgottsfrühe zwischen 3 und 5 Uhr, nur begleitet von einem zwölfjährigen Jungen, der ihm eine Wasserflasche nebst Trinkglas hinterherträgt. Es könnte ja sein,

daß der Dichter durstig wird auf seinen ausgedehnten Gängen durch die Wiesen und Felder »nach der Hallischen Straße zu, in denen er kreuz und quer umherirrte«.

Was dem Poeten früh das reine Wasser, ist ihm tagsüber Kaffee oder Wein – und hin und wieder Punsch. In *Richters Caffe Haus* (Katharinenstraße 23, 1772 – 1794) labt er sich wie Hunderte andere Gäste auch am berühmten Punsch Royal des Kaffeewirts Richter. Angeblich aus Indien stammend, besteht das Ende des 18. Jahrhunderts hochmodische Heißgetränk Punsch aus den ursprünglich fünf (altindisch: pantscha = fünf) Grundsubstanzen Wasser, Zucker, Rum, Zitronensaft, Zitronenöl. Diese werden je nach Bedarf abgewandelt; so wird etwa anstelle des reinen Wassers Tee oder Rotwein verwendet, anstelle des aus der Zitronenschale gepreßten Öles kommen Nelken hinzu.

Gut vorstellbar ist, daß der Kaffeewirt den »königlichen Punsch« während der Messezeit bereitet, um den Riesenandrang von bis zu 400 Gästen bewältigen zu können: Während der gewöhnliche Punsch heiß serviert wird, ist das Kennzeichen von Punsch Royal, daß er ein Kaltgetränk ist. Allerfeinste Zutaten sind allerdings selbstverständliche Voraussetzung: Ob Richter alten Rheinwein, feinsten Arrak oder teuren kanarischen Zucker verwendet, wissen wir zwar nicht, aber da alle Gäste sowohl den heißen als auch den kalten Punsch »brillant« finden, müssen beide wohl gut gewesen sein.

Zubereitet werden die Getränke übrigens ebenso wie die Speisen in der ebenerdigen Küche des Seitenflügels vom Romanushaus. Weinflaschen, Punschterrinen, Bratenplatten, Kaffee- und Teeportionen oder Gebäckkörbe finden ihren Weg in die Gasträume von *Richters*

13

Caffe Haus, die sich im zweiten Stock befinden, nicht über die repräsentative Haupttreppe, sondern über eine kleine, heute nicht mehr erhaltene Nebenstiege.

Viel später, im Jahre 1802, wird Friedrich Schiller das »Punschlied« schreiben – vielleicht sind ihm die »Tropfen des Geistes« schon in Leipzig in den Kopf gestiegen?

»Vier Elemente,
Innig gesellt,
Bilden das Leben,
Bauen die Welt.

Preßt der Zitrone
Saftigen Stern!
Herb ist des Lebens
Innerster Kern.

Jetzt mit des Zuckers
Linderndem Saft
Zähmet die herbe,
Brennende Kraft!

Gießet des Wassers
Sprudelnden Schwall!
Wasser umfänget
Ruhig das All.

Tropfen des Geistes
Gießet hinein!
Leben dem Leben
Gibt er allein.

Eh es verdüftet,
Schöpfet es schnell!
Nur wenn er glühet,
Labet der Quell.«

UH

Das Frühstücksei oder
»Spieglein, Spieglein in der Pfanne«

»Eine Küche ohne Eier ist wie ein Haus ohne Fenster, triste und trostlos. Was dem Maler die Farbe und dem Dichter das Wort, das ist das Ei dem Kochkünstler.« Man muß sicherlich kein Kochkünstler sein, um sich ein Frühstücksei zu machen. Oder? Daß Rühreier gerührt und weiche oder harte Eier gekocht werden, weiß schon jedes Kind. Daß das Ei (neben dem vom Huhn natürlich auch von anderen Vögeln, z. B. von Gans, Ente, Wachtel, Kiebitz, Strauß, Kranich, Pfau, Fasan) eines der ältesten menschlichen Nahrungsmittel ist und seine von heidnischen und diversen weltreligiösen, auch christlichen, Vorstellungen geprägte Kulturgeschichte immense Dimensionen hat (man denke bei uns nur an Ostereier, angeblich potenzstärkende Eiergerichte u. a.), kann und soll hier nicht genauer ausgeführt werden.

Daß einer der häufigsten Ehescheidungsgründe ursächlich das »nicht richtig« gekochte Frühstücksei ist, können lebenserfahrene Familienrichter aus dramatischen Prozessen belegen. Sie sind vielleicht die einzigen, die einen Überblick darüber haben, welch unglaublich unterschiedliche Anforderungen an ein »weichgekochtes« Ei – überzeugend vorgetragen von je einer Prozeßpartei – in der Praxis tatsächlich existieren. Die allgemeine Regel der Siedezeit von 3 bis 5 Minuten läßt auf Anhieb fast ein Dutzend, für jeden deutlich unterscheidbare Eiweiß- und Eigelbkonsistenzen

15

zu. Irgend etwas – und darum geht es! – ist noch flüssig oder nur bis zu einem bestimmten Punkt bereits »hart«. Als man noch keine Küchenuhren, geschweige automatische Eierkocher (die es heute übrigens auch nicht jedem recht machen!) kannte, bediente man sich einer denkbar einfachen empirischen Methode, nämlich dem lauten Aufsagen von zwei bis vier Vaterunser. Je nach individueller Redegeschwindigkeit erreichte man wohl ein ähnlich grobes Ergebnis wie heutzutage mit dem Sekundenzeiger, der eben auch nichts nützt, wenn die Größe des Eies, die Legezeit und vor allem die mehr oder weniger lange Lagerung im Kühlschrank oder anderswo nicht entsprechend berücksichtigt werden.

Ganz zu schweigen von diffizileren Feinheiten, wie etwa eines auf der Seite und nur halb im Kochwasser liegenden Eies, das nach etwa 3 bis 5 Minuten nicht an der Spitze geöffnet, sondern querliegend aufgeklopft und vorsichtig halb abgeschält wird. Hervorragend geeignet, um Brotrindenstreifchen in das Eigelb einzustippen! Bis in das 17. Jahrhundert hinein übrigens die verbreitetste Methode, sein Frühstückei zu genießen, denn die uns heute geläufigen kleinen Eierlöffelchen entstammen erst den bürgerlichen Tafelerfindungen späterer Zeiten. Sage keiner, daß nur der entsprechend flachovale Eierbecher fehle – obwohl es ein starkes Argument wäre, denn diese sind heute völlig unbekannt, also weder in einer billigen Metallausführung oder in einer verzinnten Edelmetallvariante noch in Keramik oder Porzellan aufzutreiben. Im 17./18. Jahrhundert sind solch zinnerne »Eierschalen« wenn nicht in jedem Bürger-, so doch in etlichen Leipziger Patrizierhaushalten zu finden. Wenigstens in denen, wo man sich der Verfeinerung von Tischsitten dergestalt befleißigte, ein geschältes weichgekochtes Ei nicht mehr im Ganzen in den Mund zu schieben. Das dabei vorhandene Risiko, daß aus beiden Mundwinkeln der gelbe Saft tropft, war mit dem Einsatz von ovalen Eierschalen oder kleinen Eierbechern zumindest eingeschränkt, wenn auch die Kleckergelegenheit beim weichgekochten Ei − wie jeder weiß − nach wie vor glänzend gegeben ist.

Sind schon die Möglichkeiten des weichgekochten Frühstückseies äußerst vielfältig, so erst die von Rühr- oder Spiegeleiern, von gefüllten, gerösteten oder verlorenen Eiern ganz zu schweigen. In ihrem Kochbuch teilt die Leipziger Berufsköchin Susanna Eger im Jahr 1712 bereits sechzehn verschiedene Eierrezepte mit. Drei Jahre später nennt das »Frauenzimmer-Lexicon« gar dreißig verschiedene Varianten, Eier zuzubereiten (daß man zur selben Zeit in Frankreich bereits Hunderte kennt und später französische Kochkünstler auf über eintausend kommen, sei nebenbei erwähnt).

Wenn man nun wissen möchte, wie Frau Eger Spiegeleier gemacht hat, sucht man solche in ihrem Kochbuch unter diesem Namen vergeblich, denn sie heißen in Leipzig im 18. Jahrhundert noch immer − wie fast überall in Deutschland − »Ochsen-Augen«. Anfang des 19. Jahrhunderts verschwindet der Begriff Ochsen-Auge für das gebratene Ei aus den Kochbüchern und wird ziemlich urplötzlich durch Spiegelei ersetzt. Man war wohl etwas empfindsamer geworden.

Ob man sich im Spiegelei wirklich spiegeln kann? Kein Problem: Ein Porzellantiegelchen scheint für einen ordentlichen Spiegeleffekt geeigneter als die normale eiserne Pfanne, und sehr wichtig: Das Eigelb darf nicht mit Salz bestreut werden, sonst ist der glänzende Effekt, der durch das Übergießen mit erhitzter Butter erreicht wird, ziemlich dahin.   UH

17

Es ist die Lerche, nicht das Käsebrot

Auch wenn es heute unvorstellbar ist: Als eine der kleinsten Wildbret-Sorten genießen die im Umland von Leipzig gefangenen Lerchen bis zum Jahr 1876, wo aufgrund tierschützlicher Intervention ihr Fang verboten wird, europaweit einen hervorragenden Ruf. Bis dahin wandern jährlich Hunderttausende (in »guten« Jahren sogar bis zu 3 Millionen!) auf Bratspieße, in Pfannen oder in die Räucherkammern. Man hält die Lerche für einen »wohlsingenden Vogel von sehr gutem Geschmack« (in Südfrankreich oder Spanien tut man dies bis heute). Der Ruf der Lerche ist übrigens der einzige, der den Namen Leipzigs (wie heute der vom Wiener Würstchen oder vom Nordhäuser Doppelkorn) als Küchenexportschlager zum Klingen bringt.

Gefangen werden die Tierchen im Herbst, wenn sie schön fett sind. Leipzig gilt im 18. Jahrhundert im Umkreis von 15 Meilen als das Lerchenparadies Deutschlands schlechthin, denn, wie Gottsched 1727 mitteilt, ist hier »der Mittelpunct im Vaterland der Lerchen: und es scheint, daß alle übrigen Provintzen von Deutschland, nur gleichsam aus Gnaden, einige Colonien davon bekommen haben. Sie müssen zufrieden seyn, wenn sie diesen Vogel singen hören: Wir hingegen können denselben in so grosser Menge fangen, daß unsre Tafeln damit, als einer leckerhaften Speise besetzt werden. Die Äcker wimmeln gleichsam von diesem Geflügel, und die Art des Fanges selbst, welcher mit großen Netzen geschieht, zeugt von dem Überfluß. Alle andere

Gattungen der Vögel werden entweder geschossen oder mit Schlingen gefangen. Hier aber stellt man ein breites Netz auf ... scheucht die Vögel auf (und hat) alsdann eine gantze Menge auf einmal, welche zuweilen aus ... gantzen Schocken (= 60 Stück) bestehet.«

Der Lerchenfang zur Michaelismesse zieht nicht nur etliche Feinschmecker zusätzlich in die Stadt, sondern bringt dem Leipziger Steuersäckel auch gehörige Nebeneinnahmen, denn auf jedes Schock Lerchen werden um 1730 zwei Groschen erhoben, was sich letztlich summasummarum alljährlich auf einige tausend Taler errechnet. Kein Wunder, daß der sächsische Staat das Lerchenfangverbot ziemlich lange hinauszögert.

»Denn es ist gewiß, daß zum wenigsten der dritte Theil der Vögel in Papier gewickelt und in Schachteln eingepackt, an weit entfernte Plätze versandt zu werden pflegt. In Prag, Wien, Liegnitz, Breßlau, Frankfurt und Nürnberg, in Augsburg und Ulm, Wolfenbüttel, Braunschweig ... Coppenhagen und Amsterdam werden um diese Zeit Leipziger-Lerchen gegessen: und man kann sich leicht denken, was nur durch diese Kleinigkeit vor fremdes Geld nach Sachsen gezogen, auch zum Theil in dem Churfürstlichen Postamte davon eingenommen werden müsse«, läßt uns Gottsched schon 1728 wissen.

In den sächsischen Kochbüchern zwischen 1712 und 1850 (in manch internationalem bis heute) finden wir die nicht nachahmenswerten Rezepte: Unter anderen, wie man 60 Lerchen am Spieß brät oder, noch unbescheidener, wie »Lerchenbrüstchen mit Trüffeln« serviert werden sollten. Dort erfahren wir auch: Frisch gebratenes Lerchenfleisch, das weiblichen Kleinstkindern hinter die noch nicht vorhandenen Zähne geschoben wird, soll deren zukünftige Singstimme derart beein-

flussen, daß sie als Erwachsene glockenrein-lieblich –
wie alle den Vogelstellern entkommenen Heide- und
Feldlerchen zusammen – singen können: Das ist der
neueste Aberglaube, der sich zu allem Überfluß nach
1700 auch noch breitmacht. Man stelle sich vor: Kaum
der Mutter- oder Ammenbrust entwöhnt, erhalten die
kleinen Leipziger Mädchen als erste feste Nahrung Ler-
chenbraten – immerhin entbeint!

Nicht nur von abergläubischen Müttern, gut verdienen-
den Vogelstellern, Lerchenverkäufern oder Steuer-
beamten wird das Lob der Lerche gesungen, sondern
auch von Poeten und Literaten, von denen der er-
wähnte Gottsched zwar einer der frühesten, aber beiler-
che nicht der einzige ist. Die schönste und hintergrün-
digste Geschichte – und nur die sei erwähnt – erzählt
unzweifelhaft E.T.A. Hoffmann in »Klein Zaches«: Bei
einem fürstlichen Arbeitsfrühstück mit Leipziger Lerchen und Danziger Goldwasser anwesend, steckt sich
der zwergwüchsige Klein Zaches die erste gebratene
Lerche ins Maul, bevor die Tafel überhaupt eröffnet ist.
Als er dann mit am Tisch sitzt, frißt er mit unbändiger
Gier und Appetit den ganzen Lerchen-Zinnober · –
sprich eine Unmenge der in Butter gebratenen Tierchen
– nur so in sich hinein, schmatzt dabei fürchterlich
und verkleckert sogar noch die Bratenbutter auf seines
Gastgebers wunderschöne Seidenhose. Ein wahrer
Gentleman mit »englischen Manieren«!

Als 1876 endlich das Singvögel-Fangverbot in Kraft tritt
– wo Not ist, naht das Rettende auch! – greifen die
Leipziger Bäckermeister ein: »Leipziger Lerche« ist ab
sofort ein Mürbteigtörtchen mit Marzipanfüllung, das
– in sieben Arbeitsschritten per Hand zusammenge-
drückt – entfernt an den Vogelbalg erinnert, der mit

Speckstreifen umwickelt war. Als Gebildgebäck (vergleichbar z. B. dem aus dem 15. Jahrhundert stammenden traditionellen sächsischen Christstollen, der ursprünglich das Wickelbett des neugeborenen Christusknaben symbolisiert, oder dem aus dem 16. Jahrhundert stammenden Reformationsbrötchen), ist die Leipziger Lerche vom Ende des 19. Jahrhunderts wohl die jüngste und letzte der in graue Vorzeiten zurückreichenden Backerfindungen.

Im Unterschied zur Salzburger Mozartkugel oder Wiener Sachertorte gibt es bei der aus Mürbteig gefertigten Leipziger Lerche von Anfang an offensichtlich in der Bäcker- und Konditoreninnung keinen Streit darüber, wer denn nun die ursprüngliche Idee hatte und wer eigentlich berechtigt ist, die »echte« und einzig-wahre Leipziger Lerche zu backen. Aber vielleicht kommt das noch?

UH

Apfelsuppe

6	*Äpfel*
40 g	*Zucker*
4	*Zwiebäcke*
1	*Zitrone*
	Zimt

Die Äpfel werden in kleine Stücke geschnitten, in wenig Wasser weichgekocht und anschließend durch ein Sieb geschlagen. Zucker, Zwiebäcke, Zitrone und Zimt hinzugeben und erneut aufkochen lassen.

Die Freuden der Frühe im Knast 1969

Da schießt gar keiner. Was sich dir entgegenballert in der diffusen Stunde der Tag-Annäherung ist das Krachen der Luken unter den Judas-Augen, die in die Zellen stieren.

Und durch die hastig aufgerissene Öffnung schiebt sich eine Hand, kleckst dir ein Löffelchen griesgrober Mischmarmelade auf dein eilfertig hingehaltenes Plastik-Tellerchen, schusselt einen Riegel wachsweißer Margarine hinterher, übergibt dir die PVC-Flasche mit heißem Gerste-Aufguß und knallt die Klappe wieder zu.

Und der Häftling nimmt seine Atzung, setzt sich an das jahrhundert-alte Klapptischchen unter dem zusätzlich mit Glasziegeln vermauerten Gitterfenster und kippt ein paar Schluck der wenigstens dampfenden Lorke in seinen Zahnputzbecher. Gelegentlich beschmiert er wohl auch eines der schmutzfarbenen Vorwochenbrötchen mit den erhaltenen Köstlichkeiten und versucht, dieses in sich hineinzutun.

Soll ich nun sagen, daß sich das Klobecken gottseidank lediglich zwei Meter vom »Eßtisch« entfernt befand? »Das Wasser rauschte, das Wasser schwoll ...«, wie schon der Dichter anmerkte.

Selbiger, sich tagtäglich variationslos wiederholende Vorgang wurde in der *Untersuchungshaftanstalt des MfS* (Beethovenstraße 2 a) mit der Bezeichnung »Frühstück« poetisch umschrieben.

»Die Würde des Menschen ist unantastbar.«

Das Essen war's auch. AR

22

Heutzutage morgens in meinem Stammcafé

Wenn es tagt, sind die Rentnerinnen zuerst auf den schon etwas wackeligen Beinen und gruppieren sich einlaßerheischend vor ihrem geliebten Kaffeehaus. Gleich werden sie mit hartnäckiger Heftigkeit den aufschließenden Kellner mit der Eingangstür an die Wand quetschen und in jener panischen Eile, in der frischgeschlüpfte Schildkröten dem offenen Meer entgegenwakkeln, ihrem Stammtisch zustreben. Wer nämlich zuerst den aussichtsreichsten Sitzplatz behintert, ist an diesem Vormittag die prima inter paresin der hühnerlichen Hackordnung. Hackordnung? Es muß so etwas sein! Diese alten Weiber, und es sind welche darunter, und was für welche!, tuen sich in einer leidenschaftlichen Art gegenseitig derart weh, daß es schon an Un-Art grenzt. Jetzt werden sie also stundenlang am erkalteten Kaffee oder einem Glas Honigmilch nippeln, den Kuchen in pickgerechte Krümel zerdröseln und sich dabei die ungeheurlichsten Bösartigkeiten zuflüstern. Sie wissen ja allesamt alles voneinander. Und hassen sich, hassen sich nur, weil sie wissen, daß sie sich brauchen.
So um die zehnte Stund' in der Früh' fallen die heuschreckigen Geschäfts-Witterlinge in das Café ein, schmieren sich optimistisch Honig ums Maul und klekkern in lumpiger Freizügigkeit gegenseitig schmierige Indiskretionen auf die Buttersemmelchen.
Nachdem Wind-Ei West mit Habenichts Ost ein Illu-

Baldwin Zettl, Weissagung, Kupferstich 1991

sions-Geschäft »angedacht« hat, treten sich beide sogleich menschlich näher und verfallen in ein verknor-
pelt kumpelhaftes »Du«. Der Überklügling aus Hinter-
tupfingen bestellt sich nunmehr eine Portion gewürztes
Karnickelfutter, weil dies »markant gesund« sei. Und
während er sich als »feinschmeckerischer Genießer« ti-
tuliert, schlürft der Salat-Mümmler in den Kaupausen
statt eines trockenen Weines genüßlich seinen übersüß-
ten Bohnenkaffee. Und das jungunternehmische Blöd-
kind aus Sachsen schämt sich, daß es zum Blattwerk in
Knoblauchdressing ein Bier zu trinken begehrte. Es ist
aber ziemlich sicher, daß ihm der »Gourmet« aus Hin-
tertupfingen diesen faux pas noch einmal verzeiht. Und
der unbeholfene New-Nadelstreifling wird vor Freude

aufjaulen, weil er seine Hundenatur nunmehr viel freier als vormals in seiner Parteifunktion ausleben dürfen muß: Oh, welch eine Auswahl an jungen, dynamischen, erfolgreichen Ärschen, in die er jetzt kriechen kann! Und wandeln zwei Nullen gemeinsam durchs Land und schmücken mit sich manche Tür, dann weiß man doch mittlerweile, was sich hinter den Pforten verbirgt.

Wenn gegen 11 Uhr die alternativen Müslis als Einzel-Exemplare im Cafe knappersüchtig auftauchen, bestellen sie konspirativ flüsternd Parmaschinken oder Würstchen und schlingen diese wie beifresser-gefährdet hinunter. Das kommt, weil sie fürchten, einer ihrer Mit-Grünli-Verschwörer könnte sie beim unvegetarischen Trip ertappen. Und »pfui!« über jeden, der sich versteakt! Wenn einer seiner stirnbebänderten Kumpel in Jesuslatschen hereintrapst oder ein Mädchen im Jutegeschlumper gleich einer Wandervogel-Maid aus den zwanziger Jahren über die Schwelle schlurft, schreit er freilich allsogleich nach Streuselkuchen und Früchtetee. Und das heilsarmeeisch frisierte Weib wird mit größter Wahrscheinlichkeit aus ihrer obligaten Kiepe oder einer Falte ihrer wallenden Gewandung einen unverderbt plärrenden Säugling auspellen, den die Gesundbeter ab sofort konsequent mit den Schwaden ihrer selbstgedrehten Knaster-Lullen beweihräuchern.

Übrigens sollte man sich in Leipziger Gaststätten erst einmal vorsichtig umschauen, bevor man das Frühstücksei seines strengen Geruchs wegen zurückweist: Vielleicht weht der Duft auch vom Nachbartisch herüber, an dem sich soeben einer der neuzeitlichen Schuh-Entblößer verunsittlicht. Überhaupt scheint das Gebein-Verhalten der Gäste momentan (Winter 1992) am eindeutigsten darauf hinzuweisen, aus welchen Breiten sie eingetrudelt sind. Erkannte man den Herrn aus Hameln noch vor Jahresfrist vornehmlich an seinen unglaublich vielen blitzblanken Zähnen, die er ständig bleckte und zwischen denen er im Diskant seine über-artikulierten Statements hervorpreßte, so unterscheidet er sich mittlerweile von seinem nachahmerischen Spanner fast nur noch dadurch, daß dieser – noch nicht wie sein Meister – die automüden Quanten auf dem nächstbesten Stuhl ablagert. Aber der Eleve hat sich ja auch erstmals seit seiner Jugendweihe wieder in einen Anzug eingewurstelt und erinnert sich sehr wohl daran, daß ihm Mutti Scheitel und Bügelfalte als Erken-nungsmerkmale absoluter männlicher Eleganz einge-speichert hat.

Der alternative Jungbürger bevorzugt hingegen eine Art Affenstellung, in der er seine arme Frust-Birne verschla-fen auf die Knie betten kann. Falls er allerdings ein paarungswilliges Mädchen in greifbarer Nähe hat, wird er agil: Ohne die Zigarette aus der Hand zu legen, knutscht er das herzige Geschöpf gelegentlich bis zur Röchelgrenze ab und schlückelt zwischendurch unge-rührt sein Weizenbier.

Die liebenswürdigen, essig-verspritzenden Omis und die pflaumenkuchen-kauenden alten Männer sitzen äußerlich gesittet an ihren Marmortischen und betrach-ten die Szene mit angeekeltem Wohlbehagen.

Manchmal lungern auch ein paar monströse Köter un-ter den Tischen breitbeinig plazierter harter Burschen, deren Gesichter noch heute rosig angeschwollen sind von den Ohrfeigen ihrer Väter. Wenn man diesen Kerls glauben darf, ist der Zeitgeist ein Schäferhund-Rüde.

Und die Künstler räkeln sich mit übergeschlagenen Bei-nen auf den Rohrstühlen, kritzeln scheinbar in geistiger Vertiefung kleine Notizbücher mit Strichmännchen und Wortfetzchen voll, aber äugen doch ab und an, ob nicht

26

endlich ein Fotograf gezückten Objekts das Lokal betritt. Ein »Sponsor« wäre ihnen natürlich noch lieber. Aber nun mittags allmählich. Und vorübergehend verdrießeln sich die Morgen-Gäste. Ein Schwall von Verkäuferinnen, Studenten und Noch-Angestellten schwappt hungrig über die Schwelle und möchte am liebsten wie ehedem in der Werkskantine den Schlag Suppe sofort eingekellt bekommen. Aber das ist schon ein anderes Thema.

Warum aber sitze ich immerzu wie einwurzlungs-willig in diesem erstaunlich repräsentativen Gesellschafts-Zirkus?: Weil es ein repräsentativer Gesellschafts-Zirkus ist!
Die Frage allerdings, weshalb ich nicht Kellner geworden bin, erübrigt sich wohl.

AR

Gefüllte Äpfel

4 Äpfel
1 Ei
   Kirsch- oder Aprikosenmarmelade
   Mehl
   Vanillezucker
   geriebene Semmeln

Die Äpfel werden geschält, das Kerngehäuse ausgestochen und mit Marmelade gefüllt. Die Füllung wird an beiden Seiten mit Semmelteig verschlossen. Danach werden die Äpfel in Mehl, Ei und geriebenen Semmeln gewendet und etwa 20 Minuten gebacken.

Quarkkeulchen

500 g	Quark
3	Eier
1 Tasse	Sauerrahm
	Mehl, Salz, Zucker, Zimt
	Korinthen, Zitronensaft, Butter

Der Quark wird mit Eiern, Sauerrahm und einer Prise Salz gut verrührt. Mehl wird so viel hinzugegeben, daß ein nicht allzu fester Teig entsteht. Zitronensaft und Korinthen nach Belieben dazugeben. Aus dem Teig werden Scheiben – etwa großen Plätzchen entsprechend – geformt, in Butter von beiden Seiten golbgelb gebraten und danach mit Zimt und Zucker bestreut.

Semmelsuppe

70 g	geriebene Semmeln
40 g	Butter
1	Eigelb
1/4 l	Wasser
1 TL	Petersilie
1 EL	Milch
2 TL	Salz

Die geriebenen Semmeln werden zunächst in Butter geröstet, dann mit dem Wasser und Salz aufgefüllt und 10 bis 15 Minuten gekocht. Das Eigelb wird mit der Milch und etwa 2 Eßlöffeln der heißen Semmelbrühe gut verquirlt und der Suppe beigegeben. Mit der fein gehackten Petersilie wird die Suppe bestreut.

Sächsischer Eierkuchen

20 g	Margarine
½ l	Milch
1	Semmel
5	Eier
50 g	Speck
20 g	Mehl
	Salz

Die Semmel wird in der Milch eingeweicht, anschließend mit den Eiern, Mehl und Salz gut verquirlt. Die
Masse wird zu dem vorher glasig gebratenen Speck gegeben und etwa 30 Minuten im Backofen gebacken.

Kerbelsuppe

500 g	Kerbel
1 l	Fleischbrühe
3	Eier
2 – 3	Semmeln
	Butter, Mehl, Salz

Der Kerbel wird mit dem Wiegemesser zerkleinert und
mit Butter und Salz in der Fleischbrühe etwa 15 Minuten gekocht. Die Eier werden mit Mehl gequirlt und der
Suppe beigegeben. Serviert wird die Suppe über in Butter geröstete Semmelwürfel

Buttermilchplinsen

1 l	Buttermilch
500 g	Mehl
75 g	Zucker
40 g	Butter
50 g	Korinthen
2	Eier
1	Speckschwarte
1 TL	Backpulver
½ TL	Zimt
	Salz

Die Buttermilch wird mit etwa 3 Eßlöffeln Zucker, einer Prise Salz und einem Eigelb sowie dem Backpulver zum Mehl gegeben und gut verquirlt, bis ein glatter Teig entsteht. Das Eiweiß wird zu Schaum geschlagen und unter den Teig gegeben.

Der Teig wird mit einer Kelle in einen vorher mit der Speckschwarte eingefetteten Tiegel gegeben, mit Korinthen bestreut und etwa 3 Minuten von beiden Seiten goldbraun gebacken. So fortfahren, bis der Teig alle ist. Die gebackenen Plinsen werden mit zerlassener Butter bestrichen, mit Zucker und Zimt bestreut und zusammengerollt serviert.

Kräuterkäse (Brotaufstrich)

200 g	Quark
200 g	Butter
	Schnittlauch, Petersilie, Dill
	Salz, Pfeffer

Der Quark wird ausgedrückt und mit der geschlagenen Butter vermischt. Schnittlauch, Petersilie und Dill werden kleingehackt hinzugefügt.

MITTAGS

Lob der Schenke

2

Ein wahrer Koch baut eine Schöpfung auf.
Ein echter Kellner zelebriert die Messen
des hohen Mahls. –
        Zuhause kann man essen
und Kaffee trinken, und 'nen Weinbrand drauf
hinuntersüffeln. Aber im Cafe
ist dieser Brandy ein gelassnes Harz;
und ungerührt wölkt Sahne auf im Tee.
Und du bist nicht der Enkel Belsaszars.

So wohnst du dich denn ein im Fremd-Gehäuse
und mischst dich ins Gespräch wie eine Karte,
die einem andern fehlt im Spiel als As.

Nicht in der Schenke tanzen weiße Mäuse.
Durchs Wohnloch irrn sie, wenn dir auf die Schwarte
die Decke kracht, und nicht zerscherbt das Glas.

                                      AR

Trincirbücher aus Leipzig

Können Sie sich vorstellen, am Tisch stehend einen duftenden Kalbsbraten von etwa drei Kilogramm »in der Luft« mit der Linken auf einer Fleischgabel zu balancieren, gleichzeitig mit der Rechten mittels eines großen Messers schöne Scheiben fast ganz abzuschneiden und den Braten – ohne daß er oder Teile von ihm herunterfallen – ordentlich auf die Tischmitte zu bugsieren? Nein? Dabei war dies eine der leichtesten Übungen der heute völlig in Vergessenheit geratenen hohen Kunst des Tranchierens, also des fachgerechten Zerlegens von Fleisch, Wild, Geflügel, Fisch, Obst oder Gemüse.

Heute – im Zeitalter von Fast Food, Fertigprodukten und Tellerservice im Restaurant – fällt es den meisten schon schwer, die Weihnachtsgans einigermaßen gutaussehend und gerecht zu teilen, von Kalbs- und Schweinsköpfen oder Spanferkeln ganz zu schweigen, noch dazu, wenn diese coram publico vor den Augen aller am Tisch »auff der Gabel zerleget« werden sollten.

Zur Geschichte der Tranchierkunst sei hier nur so viel erzählt: Sie reicht weit zurück in das Altertum. Chinesen, Perser, Griechen und Römer hatten sie schon hoch entwickelt. Odysseus galt als Meister dieses Faches, und bei den verwöhnten römischen Kaisern waren nicht minder verwöhnte »Tranchiersklaven« (cissores = Vorschneider) beschäftigt, die nach dem Takte von Schellen und Klängen zierlicher Flöten ganze Schweine auf der Gabel hochgestemmt zu zerlegen oder weniger kraftaufwendig aus beliebigen Früchten kleinplastische Figuren herauszumodellieren wußten.

Wie sie dies genau taten – also an welcher Stelle der erste, dann der zweite und die weiteren Schnitte angelegt wurden –, wissen wir allerdings nicht.

Als nach der großen Wanderung der Völker sich diese im Mittelalter der Verbesserung ihrer nunmehr christlichen Sitten hingeben, wird auch die Tranchierkunst neu belebt, deren Voraussetzung das noch bis Ende des 17. Jahrhunderts »bestecklose Zeitalter« ist.

Die ersten Tranchierlehrbücher erscheinen im 16. Jahrhundert bereits kurz nach Erfindung des Buchdrucks in Italien, dem Zentrum europäischer Tranchierkunst. In Padua existiert sogar eine Spezialschule dafür! Im 17. Jahrhundert sehen wir uns einem regelrechten internationalen Tranchierlehrbuchboom gegenüber, an dem sich Leipzig neben Nürnberg, Amsterdam und Paris selbstverständlich wacker beteiligt. So erscheint das erste Trincirbuch in deutscher Sprache 1621 als Übersetzung aus dem Italienischen in Leipzig. Der Buchhändler Henning Groß d. J. gibt das 1601 in Rom erschienene Werk von Giacomo Procacchi unter dem Titel »Trincier oder Vorleg-Buch / Darinnen berichtet wird / Wie man allerhand gebratene und gesottene Speisen ... nach Italienischer / und vornehmlich Romanischer Arth / anschneiden / und auff der Gabel zierlich zerlegen soll ...« heraus. Weitere Auflagen folgen, wohl nicht zuletzt wegen der hervorragenden Bildausstattung, die der seit 1611 in Leipzig ansässige Kupferstecher Andreas Bretschneider anfertigt. Exakt ist nachzuvollziehen, wieviel Schnitte nötig sind, um eine Gans, ein Rebhuhn, einen Hasen oder einen Kalbskopf zu teilen. Für letzteren sind beispielsweise genau 20 Schnitte

34

vorgesehen. Für diejenigen, die es genau wissen wollen: Der Schädel wird mit dem ersten Schnitt geöffnet, und die Ohren werden mit den Schnitten zwei bis fünf abgetrennt.

Ein deutsches Originalwerk, zumindest behauptet dies der Verfasser Andreas Klette, erscheint 1665 in Leipzig unter dem Titel »Neu-erfundenes Trenhir-Buch ... wie man ... die Speisen ordentlich auf die Tafel setzen, zergliedern ... können«. Neun Kupferstiche sorgen auch hier für ordentlichen Anschauungsunterricht. Neben diesen speziellen Lehrbüchern, deren durchaus praktische Größe zwischen Minibuch und mittelgroßem Tafelwerk schwankt, spielt das Tranchieren als Teil der allgemeinen bürgerlichen Hauswirtschaftslehre (niedergelegt in der sogenannten Hausväterliteratur) und Kochkunst in den einschlägigen Publikationen auch im 18. Jahrhundert noch eine wichtige Rolle, obwohl mittlerweile das individuelle Eßbesteck am Tisch (Messer und Gabel) obligatorisch ist.

Zu den schönsten Leipziger Editionen zählen »Der Sorgfältige, Neuvermehrte Haus- und Wirthschafts-Verwalter« (1751) und das »Allgemeine Küchenlexikon für Frauenzimmer« (1794), die jeweils einen umfangreichen Tranchierteil enthalten.

UH

Sächsische Kartoffelsuppe

500 g	Kartoffeln
200 g	Kochfleich
2 l	Fleischbrühe
150 g	Zwiebeln
100 g	Möhren
50 g	Sellerie
50 g	Speck
	Kräuter, Kümmel, Knoblauch, Majoran
	Salz, Pfeffer

Das Fleich wird in etwa 2 Liter Wasser gargekocht und wieder herausgenommen. Die Kartoffeln, Zwiebeln, Möhren und Sellerie werden zerkleinert, in der Fleischbrühe etwa 15 bis 20 Minuten gekocht und anschließend durch ein Sieb gestrichen. Mit Kümmel, Knoblauch, Majoran, Pfeffer und Salz wird die Suppe nach Belieben abgeschmeckt.

Das Fleisch wird in kleine Würfel geschnitten, mit Speck angebraten und mit Porreeringen vermischt. Danach wird das Fleisch mit dem Porree in die Suppe gegeben.

Zwiebelsuppe mit Schwarzbrot

8	Zwiebeln
170 g	Butter
5	Schwarzbrotscheiben

Die Zwiebeln werden in Ringe geschnitten, in der Butter braun geröstet und anschließend in Brühe gegeben. Die Suppe wird etwa ½ Stunde gekocht. Danach wird das Schwarzbrot in Würfel geschnitten, in Butter geröstet und der Suppe beigegeben.

Die Kost der Leipziger Studenten des 16./17. Jahrhunderts

Bei den meisten Studenten der vergangenen Jahrhunderte ist »Schmalhans« Küchenmeister, denn sie versorgen sich mit Speis und Trank auf eigene Kosten, unabhängig davon, ob sie in den universitätseigenen Internaten, im Kollegium oder »privat« wohnen. Für mittellose Studenten gibt es seit 1502 die kostenfreie Mensa communis (den sog. Gemeinen Tisch), aber das Essen dort wird offenbar von einem noch schmaleren Hans gekocht! Gespeist wird im Internat oder bei einer »Kochmutter«, die sich einen Verdienst schafft, indem sie bis zu einem Dutzend jungen Akademikern täglich ein- oder zweimal eine warme Mahlzeit bereitet.

Durch einen angeblichen Brief aus der Feder des Internatsvorstehers Magister Hofmann lassen die Verfasser der Dunkelmännerbriefe – die die Zustände an der Leipziger Universität genau kennen – den Internatsspeiseplan des Jahres 1527 Revue passieren: »Wenn Ihr einen Jungen, einen Verwandten oder einen guten Freund kennt, dann schickt ihn doch hierher zu mir nach Leipzig. Wir haben viele gelehrte Magister hier, und in unserer Burse gibt es auch ein gutes Essen: zweimal täglich (mittags und abends) sieben Gänge.

1 Gang SEMPER	(Immer) = Grütze
2 Gang CONTINUE	(Fortwährend) = Suppe
3 Gang COTIDIE	(Täglich) = Mus
4 Gang FREQUENTER	(Häufig) = Magerfleisch

Das Vergnügungszentrum Brandvorwerk, Kupferstich 1746

5 Gang RARO	(Selten)	= Gebratenes
6 Gang NUNQUAM	(Niemals)	= Käse
7 Gang ALIQUANDO	(Manchmal)	= Äpfel und Birnen

Und dazu haben wir noch einen guten Trunk, der CON-VENTUM heißt (besonders billiges und dünnes Bier). Seht ihr, ist das nicht genug? Diese Ordnung halten wir das ganze Jahr über ein, und sie wird von allen gelobt. Auf unseren Stuben haben wir außer dieser Zeit nicht viel zu essen, was auch nicht gut wäre, weil die Studenten sonst nicht ordentlich studieren würden. Deshalb habe ich an alle Stuben die Verse geschrieben: Willst du speisen mit mir, bring deine Sachen mit dir.‹«

Es ist wohl kein Wunder, daß der Magisterschmaus – auf den wir gleich ausführlich kommen – zum Studienabschluß für manchen unbemittelten Akademiker das einzige Festmahl ist, das er jemals genossen hat.

Vom »Schuhmacher und Poet« Hans Sachs, der wahrscheinlich im *Neuen Kollegium* (ehem. Ritterstraße 16) üble Erfahrungen mit der universitätseigenen Küche gemacht hat, hören wir dazu in dem Schwank »Das Brudermus« von einer galligen Leipziger Kochmutter, die zur Selbsthilfe greift, weil sie es ihren acht Studenten, die sie bekocht, nie recht macht. Jeder will etwas anderes essen als das, was sie auf den Tisch bringt. Als die Köchin der Beschwerden leid ist, fragt sie eines schönen Tages jeden einzeln, was er am nächsten Tag essen möchte, und kocht die verschiedenen Wünsche (Erbsen mit Speck, Röselwurst, Hirse, Krebse, geröstete Heringe, Bayrische Rüben, Möhren, gelbe Kuddelflecke) einfach zusammen:

> »Würste, Hirse, Krebs, Hering, Erbsen, Speck
> Möhren, Rüben, Kuddelfleck.
> Das tät sie in ein Hafen zsamm
> Und setzt es zu des Feuers Flamm,
> Und das untereinander sott.
> Es ward weder weiß, schwarz oder rot,
> Sondern ein wildes Brudermus
> Das die Studenten hart verdruß ...«

Dieses boshafte Ragout gilt als eines der ältesten Leipziger »Originalrezepte« und wird als stilistisches Klischee immer wieder hervorgeholt, wenn es darum geht, die Leipziger Küche schlecht zu machen.

UH

Leipziger Magisterschmäuse

Das Leipziger Universitätsarchiv besitzt viele gedruckte oder geschriebene Kostbarkeiten. Eine jedoch, von der jetzt die Rede sein wird, ist ein ganz besonderer Schatz: Er heißt »Liber culinarius« und besteht aus zwei hochformatigen Manuskript-Bänden, in denen fast 150 Jahre lang, von 1567 bis 1709, peinlich genau aufgezählt ist, was für das große Festmahl an der philosophischen Fakultät – das alljährlich Ende der ersten Januarwoche zum Prüfungsabschluß stattfindet und erst 1741 abgeschafft wird – generell zu beachten ist. Zu erfahren ist, was wann wo wieviel eingekauft werden muß, wann welcher Fürst brieflich um eine Wildbretspende angegangen wird, wieviel Leute in Dienst genommen werden und was diese Köchinnen, Köche, Wein- und Bierschröter, Bratenmeister, Schüsselwäscher, Küchenjungen, Kehrmänner und Wächter kosten. Eintragungen reichen vom Preis für einen Zehnender-Hirsch oder von fünf Wildschweinen bis zu den Preisen für die Haken, um diese daran aufzuhängen, oder die Fäden, die man braucht, um Wickelbraten daraus zu machen! Daß selbst das Vorhängeschloß, hinter dem die ganzen Köstlichkeiten aufbewahrt werden, auch noch jährlich mit seinem aktuellen Preis auftaucht, verwundert kaum noch. Was der Treiber verlangt, der ein lebendes Schwein in die Universitätsküche zum Schlachten bringt, ist ebenso verzeichnet wie das Tragegeld für den Burschen, der die Kuchenbleche eines Stadtbäckers heranschleppt oder beim Trans-

40

port von aus der Nikolaikirche entliehenen Teppichen hilft.

Es hat den Anschein, daß bei den Vorbereitungen – gleich welcher Art – keine Person, aber auch wirklich keine einzige einen Handschlag für umsonst getan hätte. Ganz im Gegenteil: Wer nur irgendwie kann, »beeilt« sich, beispielweise das Wartegeld heraufzuschrauben, weil ein abzuschießender Hirsch in Torgau dem Schützen, der selbstverständlich ein Extra-Schußgeld verlangt, nicht vor die Armbrust kommt. Für das Hin- und Zurücktragen entliehener Bänke oder des Zinngeschirrs aus dem Ratskeller werden Trage- und Leihgebühren erhoben, die nicht eben gering sind. Woraus das »Personalessen« in der Küche besteht, was es kostet und wie die Indienstgenommenen daran herumnörgeln und Besseres verlangen, kann man gleichermaßen erfahren wie die Höhe des Futtergeldes für das lebend eingekaufte Geflügel, das erst am Vortag des großen Schmauses sein Leben läßt.

Nur einmal – im Jahr 1905 – ist dieser kulturhistorische Quellenschatz von Georg Erler, auf den wir uns nachfolgend beziehen, untersucht worden. Eine vollständige Publikation dieses »küchenlateinischen« Kleinodes steht noch aus! Verantwortlich für die Organisation des Festmahls, an dem 200 bis 240 Personen im extra dafür hergerichteten und geheizten Saal des *Neuen* bzw. *Roten Kollegs* (ehem. Ritterstraße 16) teilnehmen, ist offiziell der Dekan, in der Praxis aber – wie schon beim vorangegangenen Urteilsschmaus – seine Frau. Falls der Dekan unbeweibt ist, muß eine erfahrene Professorengattin herhalten, die vom spätestens zweiten Tag der Amtszeit des Dekans (beginnt am 13. Oktober) an bis zur ersten Januarwoche mit hunderterlei Vorbereitungen alle Hände voll zu tun hat. Der »Liber culinarius« ist dabei für die »Decanissa« eine absolut notwendige Gebrauchsanleitung, denn als normale Hausfrau ist sie auch unter besten Voraussetzungen nicht in der Lage, ohne diese erprobte »Checkliste« eine Festivität für über 200 Personen auszurichten. In erster Linie heißt das, die erforderlichen Mengen an Getränken, Wildbret, Fleisch (geräuchertem und frischem), an Geflügel, Fischen und Austern, an Gewürzen, Obst, an Käse, Eiern, Butter, Mehl, Brot, Kuchen oder Konfekt zu bestimmen, ökonomisch einzukaufen und in sinnvoller Weise zu bevorraten. Die Beschaffung der einzelnen Posten ist in der Handelsstadt Leipzig – bis auf Wild – offensichtlich nie ein größeres Problem gewesen, auch exotische Südfrüchte, frische Austern oder holländischer Käse sind im Dezember/Januar regelmäßig orderbar. Bezahlt wird das Ganze übrigens ausschließlich von den Studenten, die je nach Jahrgang und Teuerungsrate zwischen 4 und 16 Golddukaten am Tag nach dem großen Schmaus auf den Tisch legen müssen! Immerhin findet an diesem Abrechnungstag noch ein großes Resteessen statt, bei dem die Studenten noch einmal richtig – für manche das erste und letzte Mal in ihrem Leben – zulangen können. Verdenken kann man es unter diesen Voraussetzungen auch keinem der Kandidaten, wenn er versucht, etwas von den enormen Vorräten oder direkt von der Tafel »verschwinden« zu lassen. Daß auch hin und wieder und immer öfter nach Beendigung des Schmauses verschiedene Zinnteller oder -schüsseln fehlen, ist wohl auch den besonderen Umständen geschuldet.

Da die frischgebackenen Doktoren nur einen Gast mitbringen dürfen, allerdings eigene Diener für den Tischservice zu stellen haben, liegt es nahe, daß sie sich mit ihren Dienern verabreden, Eß- und Trinkbares »auf die

Seite« zu schaffen. Jahr für Jahr wird den Kandidaten deshalb vorher eingeschärft, daß sie keine unangemeldeten Gäste und ihre Diener keine Kisten mitbringen dürfen, um darin Weinflaschen abzutransportieren. Daß dies trotzdem geschieht und wie man es anstellt – wem sollte man es verdenken?

Der »Liber culinarius« ist kein Koch- oder Rezeptbuch, sondern eher eine Art »Hauptbuch«, das detailliert aufzeigt, wie an der Universität ein akademisches Festessen organisiert wird. Es erstaunt ziemlich, daß es in den 150 Jahren aufgezeichneter kulinarischer Genüsse nur fünfmal Krebse gibt, während Austern seit 1644 jährlich auf die Tafel kommen. Und nur ein einziges Mal gibt es gebratene Leipziger Lerchen (1657)! Ob dies – wie Georg Erler vermutet – damit zusammenhängt, daß die in Talg konservierten Vögelchen für die Festtafel einfach nicht gut, weil nicht frisch genug waren oder (was viel näher liegt) darin begründet ist, daß die gebakkenen oder geräucherten Lerchen in Leipzig einfach ein zu alltägliches Nahrungsmittel gewesen sind, das auf eine repräsentative Festtafel ebensowenig gepaßt hätte wie es heute eine ordinäre Bockwurst täte – sei vorläufig dahingestellt.

Der »Liber culinarius« – zusammen mit Rumpolts Kochbuch (1581) – eine unglaubliche Fundgrube für küchenhistorisch-detektivisch veranlagte Feinschmekker.

UH

Vom *Blauen Hecht*
zum *Güldenen Ochsenkopf*

Seit dem Mittelalter ist jeder Gastwirt obrigkeitlich verpflichtet, sein Haus zu »signieren«, das heißt mit einem Zeichen zu versehen, aus dem ersichtlich ist, daß hier ein öffentlicher Ausschank (saisonal oder ganzjährig), eine Herberge oder eine wie auch immer geartete Gastwirtschaft betrieben wird. Diese Zeichen-Palette ist äußerst breit gefächert: Vom einfachen Laubkranz oder Blätterbusch über Haus- und Gewerbezeichen, Metallaushänger, bemalte Schilde oder Reliefplastiken bis hin zu Bild- und Wortmarken aus der großen Zeit der Reklame um 1900. Wie Gasthäuser heißen und aus welchem Grund sie so benannt werden, ist über die Jahrhunderte hinweg in Leipzig äußerst vielfältig und komplex, obwohl es auch hier – wie in allen europäischen Städten – einige Hauptquellen gibt, auf die der einzelne Wirtshausname häufig zurückgeführt werden kann:

1. auf Zeichen aus der christlichen Ikonografie (z. B. Löwe, Adler)
2. auf Zeichen »heidnischen« Ursprungs, häufig von christlicher Symbolik vereinnahmt und umgedeutet (z. B. Linde, Eiche), besonders aus dem mittelalterlichen Tierbuch-Bestseller »Physiologus« (z. B. Roß, Einhorn, Schwan, Walfisch)
3. auf Zeichen aus ursprünglich adligen Wappenbildern
4. auf topografische Bezeichnungen
5. auf Personen- oder dynastische Namen

44

Gasthof *Zum Tiger*, ehemals Brühl 69, Foto um 1890

Einige wenige Beispiele sollen dies verdeutlichen: Anstelle des ehemaligen Gasthofes *Zu den drei Königen*
(Peterstraße 34) steht heute ein gleichnamiges Messehaus, dessen Bezeichnung zurückgeht auf die heiligen
drei Könige aus dem Morgenland. Auf den Stern von
Bethlehem, der einem den rechten Weg (in die Kneipe)
weist, sind letztlich Namen wie *Goldener Stern* (Weißen-
felser Straße 17 b), *Weißer Stern* (Koburger Straße 111),

45

Blick in die Klostergasse mit *Hotel Stadt Gotha* und *Paulanerbräu*,
Foto um 1890

Nordstern (Schönefelder Straße 63), *Südstern* (Karl-Lieb-knecht-Straße 102), *Zum Oststern* (Wurzner Straße 197) oder *Zum Weststern* (ehem. Georg-Schwarz-Straße 159) zurückzuführen.

Die neutestamentlichen Begleittiere der vier Evangelisten Löwe, Adler, Stier (Ochse) und Taube sind im Gast-

Goldnes Schiff, Große Fleischergasse 12

gewerbe besonders populär, nicht etwa, weil die Gastwirte besonders fromm gewesen wären, sondern weil
Löwe und Adler zusätzlich auch massenhaft als heraldi-
sche Zeichen der im Mittelalter entstehenden Adels-
dynastien verwendet wurden. Auf Reisen führte der
Adel seine Wappenschilde in stark verkleinerter Form
mit sich, um sich in Herbergen anzukündigen und sie
dann dort auch zurückzulassen. Dies wiederum führt
dazu, daß die Wirte solcherart »ausgezeichneter« Her-

bergen als Herren- oder Schildwirte bezeichnet werden, weil sie die oberste Hierarchie- und Servicestufe im frühneuzeitlichen Gastgewerbe bilden.

Von den Leipziger *Löwen* wird noch die Rede sein. Der derzeit einzige übriggebliebene Kneipen-Adler heißt *Goldener Adler* (Portitzer Straße 10), die ehemals *Schwarzen, Roten* oder *Weißen* zeigen sich – ebenso wie die *Ochsen*, die es einmal in Leipzig gegeben hat – nur noch in alten Adreßbüchern. Letzte Anklänge an diese uralten Gasthöfe finden sich heute in den Namen von Löwen- und Adlerapotheke, die auf Grundstücken stehen, unter deren Tier-Hauszeichen ehemals Gastwirtschaft betrieben wurde. Theodor Fontane, der in der Adlerapotheke gelernt hat, würde zum Thema Leipziger Gasthofnamen, um die Sache abzukürzen, jetzt wohl sagen: »Es ist ein weites Feld ...«

Historische Gasthofnamen wie *Grauer Wolf* (ehem. Hainstraße 11), *Goldener Elephant* (ehem. Hainstraße 21) oder *Goldenes Einhorn* (ehem. Grimmaischer Steinweg 15) können als Beispiele der Entlehnungen aus dem »Physiologus« angesehen werden, jenem mittelalterlichen Tierbuch, dessen Geschichten von mehr als 50 Tieren sich bis in das 17. Jahrhundert hinein außerordentlicher Beliebtheit erfreuen. Neben zoologischen Mitteilungen enthalten sie vor allem christlich-allegorische Auslegungen, die mit zahlreichen Bibelzitaten bewiesen werden.

Lokaltopografischen Ursprung haben Kneipennamen wie *Am Berg* (Köbisstraße 3), *Am Kreuz* (Kochstraße 138) oder *Zur Grünen Aue* (Quasnitzer Weg 11), während *Am Ziel* (Kurt-Eisner-Straße 34), *Zur frischen Quelle* (Theresienstraße 13) oder *Zur Erholung* (Parkstraße 16) Kneipentopografie »an sich« beinhalten.

Die traditionellen Übernachtungsstätten auswärtiger

Gasthof *Zum Goldenen Einhorn*, Grimmaischer Steinweg (Hof),
Foto um 1890

Kaufherren oder Fuhrleute sind ursprünglich Grund der
Namensgebung für die *Dresdnische Herberge* (ehem.
Kupfergasse 12, 1842 – 1904 Hotel *Dresdner Hof*) oder
das Hotel *Stadt Hamburg* (Nikolaistraße 10,
1816 – 1927). Das *Hotel de Pologne* (Hainstraße 16/18,
1843 – 1917) dagegen führt seine Bezeichnung nicht auf
polnische Kaufleute, sondern auf den polnischen König
Stanislaus Leczynski zurück, der in einem Vorgänger-
bau im Jahr 1706 übernachtet hatte – es handelt sich
also um ein Beispiel aus der Gruppe dynastischer »Her-
bergspaten«. Die *Marienburg* (Simildenstraße 8) hat
ihren Namen, obwohl man auf die Idee kommen
könnte, auch nicht von auswärtigen Kaufleuten, sondern von der Deutschordensgründung in Westpreußen,
die als Symbol deutscher Kolonisierung im Osten gilt.

Ein großes Ölgemälde im Gastraum zeigt das trutzige Bauwerk. Wieso die kleine Kneipe auch 40 DDR-Jahre lang diesen »deutschen« Namen offiziell führen konnte, wird ein ewiges Geheimnis bleiben. Denn wer die Worte Danzig oder Marienburg in den Mund nahm und nicht Gdańsk oder Małbork sagte, galt glatt als Bonner Ultra und Revanchist.

Zu guter Letzt: *Zill's Tunnel* (Barfußgäßchen 9) steht für den Familiennamen des Gründer-Gastwirts.

In seltener Weise feiern heute hin und wieder im Zuge von Renovierungen oder Neueröffnungen auch bekannte Uralt-Namen fröhliche Urständ: die Gosenschenke *Ohne Bedenken* (Menckestraße 4) zum Beispiel, geschlossen 1958, wiedereröffnet 1986 unter demselben Namen. Die Gaststätte *Am Karlsplatz* ist 1992 *Zum Alten Fritz* (Karlstraße 6) – wie sie von 1900 bis 1945 hieß – zurückgetauft worden. Die nach zehnjähriger Schließung im November 1992 stattgefundene Wiedereröffnung des *Boccaccio* (Kurt-Eisner-Straße 43) kam einem kulturellen Ereignis gleich. Auch der *Blaue Hecht* (Nikolaistraße 39 – 45), schon seit 1912 ausschließlich Geschäftshaus, ist Anfang 1993 wieder an die Oberfläche geschwommen – merkwürdigerweise als Bistro und »Englische Bar«. 1551 wurde der Gasthof *Zum blauen Hecht* erstmals erwähnt. Als 1912 an seiner Stelle ein großes Geschäftshaus erbaut wurde, installierte man über der Tür zur Erinnerung immerhin ein Hechtrelief, das noch heute zu sehen ist.

Originelle Bezeichnungen, die offiziell im Gewerbeverzeichnis angemeldet und registriert sind, gibt es heute in Leipzig nur sehr wenige. *Ha Lecker!* (Fichtestraße 12, soeben geschlossen wegen Umbau) und die *Geidelei* (Charlottenstraße 5) wären zu nennen, dann hört es schon auf: Was waren das doch für Zeiten, als man im

Burgkeller, Foto um 1890

Pfifferling (ehem. Hainstraße 10) koscher essen, *Zur dür-ren Henne* (ehem. Windmühlenstraße 2) speisen und logieren, zum völlig verwahrlosten, geheimnisumwit-terten *Nobiskrug* hinuntersteigen oder in der *Blauen Maus* (ehem. Brühl 42) Cocktails schlürfen konnte!
Kann es sein, daß neben der erstaunlich-phantasielosen Traditionslosigkeit (im Hauptbahnhof gibt es ein hier gänzlich deplaziertes *Brotzeit*-Restaurant, das – wenn überhaupt – in den Bayrischen Bahnhof gepaßt hätte!), die einer zwar nobelchrom, aber europaweit zu findenden undifferenzierten Gesichtslosigkeit im Gast-

gewerbe die Hand reicht, auch noch die »Leipzscher« gastgewerbliche Humorlosigkeit zunimmt?

Zumindest die für Leipzig neue Szene-Kneipenkultur, die sich seit 1990 etabliert, belehrt hinreichend darüber, daß es nicht so sein muß: Durchaus Witz und Zeitgeist verraten Namen und Ausstattung vom (inzwischen einem Brandanschlag zum Opfer gefallenen) *Café K.O. Backwahn*, der *NATO* (Karl-Liebknecht-Straße), vom im November 1992 neueröffneten Film-*Café Intershop* (Burgstraße) oder vom *Trabbi Inn* (Ossietzkystraße).

UH

Gefüllte Tauben

4	*junge Tauben*
40 g	*Fett*
8 EL	*saure Sahne*
½ EL	*Kartoffelmehl*
1	*Semmel*
1	*Ei*
	Salz, Petersilie

Die Tauben werden ausgenommen und außen sowie innen mit Salz eingerieben.

Für die Füllung wird die Semmel zerschnitten, in Milch eingeweicht und ausgedrückt. Herz, Magen und Leber der Tauben werden, ebenso die Petersilie, kleingehackt. Das Fett wird schaumig gerührt, mit den Innereien und der Semmel sowie mit allen anderen Zutaten vermischt und abgeschmeckt. Die Tauben werden gefüllt und unter öfterem Begießen etwa 1 Stunde gebraten.

Schändliche Schmähschrift auf Leipziger Wirtin: Beitrag zur deutschen Nationalliteratur des 17. Jahrhunderts

Nein, begeistert ist Frau Anna Rosina Möller, Wirtin des Gasthofes *Zum Roten und Weißen Löwen* (ehem. Brühl 3, existiert bis 1885) wirklich nicht, als sie Ende 1695 von einer anonymen Schrift erfährt, die in der Stadt im Umlauf ist und in der sie unter dem Namen »Frau Plißine« schlecht gemacht wird. Entsetzt sträuben sich ihr die Haare, als sie über sich lesen muß: »An unserer Frau Schlampampe kommen alle Tugenden zusammen; zum wenigsten war es eine dreckigte Nahrung, daß sie oftmals mit stinkendem Fleisch, abgestandenen Fischen, altbackenen Krebsen und an dem Pips verreckten Hühnern ihre Gäste akkomodierte [bediente]. Dreckigt war es, daß sie am Tag aus demjenigen Topf kochte, worin ihr Däfftle [kleiner Sohn] des Nachts über das drückende Blasenwasser abgezapft. Dreckigt war es, daß sie vielmal die Kaldaunen mit inwohnendem natürlichen Vorrat in den Topf und auf den Tisch brachte ... daß sie die Teller mit ihrem Hemd abwischte ... daß sie unter währender Zubereitung ihrer Speisen öfters unter ihren Pelz fuhr und gute starke Flöhe auffischte, welche sie hernach auf dem Hackbrett schlachtete und massakrierte [...]« Damit nicht genug – Frau Möller muß zur Kenntnis nehmen, daß der Verfasser weitere einschlägige Veröffentlichungen plant und sogar gedenkt, das Libretto für eine erste deutsche komische Oper mit den Hauptrollen für »eine ehrliche Frau Schlampampe« und deren mißratenen Sohn »Schelmuffsky« herauszugeben. Es hat sich schnell herumgesprochen, daß es ein Student namens Christian Reuter ist, der seit 1694 bei ihr im Gasthof wohnte und den sie wegen Zahlungsunfähigkeit vor die Tür gesetzt hatte. Obwohl Reuter wegen übler Nachrede bereits in Untersuchungshaft sitzt, schwant der Wirtin, daß ihr dies zur Wiederherstellung ihrer Reputation nichts nützen wird, denn halb Leipzig hat bereits gelacht. Sie schreitet also zur Tat, indem sie sich schriftlich beim sächsischen Kurfürsten über die unerhört beleidigende Schrift beklagt. Gleichzeitig malt sie aus, wie schlecht sie dasteht, wenn noch weitere einschlägige Werke von diesem Autor erscheinen sollten. Sie bittet also darum, Druck und Verbreitung von Reuters Schriften zu verbieten, was natürlich – sogar wenn es angeordnet worden wäre – nicht gelingt, denn in der Buchstadt Leipzig versteht man sich durchaus auf das Verfassen und Herausgeben »verbotener Bücher«. Reuters unerhört spitze Feder kratzt als nächstes »Der ehrlichen Frau Schlampampe Krankheit und Tod« (1696) auf das Papier. Kurz bevor er Leipzig mehr oder weniger freiwillig verlassen muß, verabschiedet er sich auch noch hohnlachend mit der beißenden Satire »Letztes Denk- und Ehrenmal, der weiland gewesenen Frau Schlampampe« (1697).

Noch lange haftet dem *Roten und Weißen Löwen* der Ruf einer schmuddligen Fuhrmannsherberge an. Dies ändert sich nur kurzfristig – zumindest äußerlich –, als sich nämlich herausstellt, daß hier eines großen Tondichters Kinderwiege stand und 1882 am Gasthof das Schild »Geburtshaus Richard Wagners« angebracht wird. Kurz bevor das Gebäude gänzlich vom Erdboden verschwindet (1886), um einem Kaufhausneubau Platz zu machen, zieht in die ehemaligen Gasthofsräume im wahrsten Sinne des Wortes Licht und Reinlichkeit ein: Eröffnet wird hier – kurioser kann es kaum noch gehen – eine Produktionsstätte der »Königlich-Sächsischen Licht- und Seifen-Fabrik«!

UH

Möhren mit Kartoffeln

500 g	Möhren
750 g	Kartoffeln
1 l	Wasser
¾ l	Fleischbrühe
30 g	Fett
1	Zwiebel
30 g	Mehl
1 EL	Salz
	Petersilie

Die in kleine Stücke geschnittenen Möhren werden in kochender Brühe angesetzt. Die Kartoffeln werden geschält, in Stücke geschnitten und in kaltem Salzwasser bis zum Kochen gebracht. Danach werden die Kartoffeln abgegossen und zu den Möhren, die etwa 30 Minuten gekocht haben, gegeben.

Aus Fett, Zwiebel und Mehl wird eine Mehlschwitze zubereitet, die den Kartoffeln und Möhren zugegeben wird. Etwa 10 Minuten alles kochen lassen und kleingehackte Petersilie dazugeben.

Lob der Schenke

3

O warn das Zeiten, als im Gasthaus-Saale
der trunkne Sänger noch die Leier schlug!
Schnür die Sandale und komm mit zum Mahle:
Die Tänzer üben wieder ihren Flug,

indeß wir Grill-Gebratenes trancieren
und den in Weißwein auferstandnen Fisch
bedacht ins dritte Dasein überführen. –
Nein, kein zerschnittnes Tuch liegt auf dem Tisch,

an dem die Musen und die Köche sitzen:
Kein Traum nur sei, daß sie gemeinsam speisen,
die ganz getrennt, doch füreinander schwitzen,
vergreifend sich an herrlich heißen Eisen.

Das Leben ist, daß mans genießt. Gleich wie.

Hier sind noch Austern. Dort noch Sellerie.

AR

Die »Tafelloge« oder
Wo die Freimaurer um 1800 speisen

»Gewöhnlich ist nichts lustiger, als wenn Schauspieler vom Studieren sprechen, es kommt mir eben so vor, als wenn Freimaurer vom Arbeiten reden«, schreibt etwas herablassend Goethe, der bekanntermaßen selbst viele Jahre Mitglied eines Freimaurerordens gewesen sein soll. Seit Mitte des 18. Jahrhunderts gründen sich auch in Leipzig die ersten der geheimnisumwitterten Männerbünde, deren erklärtes Ziel es ist, in Gemeinschaft von Brüdern einem Ideal nachzuleben, durch bestimmte symbolische Zeremonien (Arbeiten) auf die Mitglieder und deren Selbsterziehung einzuwirken und vor allem unter keinen Umständen jemals über die ganze Angelegenheit zu sprechen (strikte Observanz, d. h. strenges Schweigegebot). Grob vereinfacht: Das aufstrebende Bürgertum sucht sich im 18. Jahrhundert auf unterschiedlichste Weise von Adel und Klerus abzuheben und zu emanzipieren – eine unter dutzenden anderen Möglichkeiten ist die Gründung eines Vereins oder einer Partei mit bürgerlicher Zielsetzung. Die Freimaurer sind eine Gruppierung, die sich von bürgerlichen (später proletarischen) Bildungs-, sozialen oder politischen Vereinen eigentlich nur durch Nicht-Öffentlichkeit, Internationalität und das geheimnisvolle Drumherum unterscheidet. Als ihre Hauptaufgabe – leider wie die der christlichen Nächstenliebe oder die der Französischen Revolution bis heute nicht durchge-

Johann Georg Wagner, *Richters Coffe Haus*, Kupferstich 1794

setzt – definieren die Freimaurer, »das Einheitsstreben unter den Menschen zu fördern, alles, was ihm entgegensteht, wie Chauvinismus, Fanatismus, Kastengeist, zu bekämpfen und für diese Ziele in ihren Mitgliedern begeisterte Jünger zu erziehen, die überall mit Rat und Tat für menschliche Gesinnung, für friedliches Zusammenleben und -arbeiten unter den Menschen eintreten«. Der Begriff Freimaurer ist selbst schon Programm, denn er schlägt eine künstliche Brücke zu den Bauhütten ins Mittelalter, bei denen sich das Leben sämtlicher Bauleute und ihrer Familienangehörigen in enger Gemeinschaft abspielte. Von den mittelalterlichen Bräuchen der Maurer und Zimmerleute (religiöse, soziale, gesellschaftliche) oder von dem, was man sich im 18.

Jahrhundert darunter vorstellt, werden verschiedene Teile in symbolisierter Form übernommen: regelmäßige Treffen, Erkennungszeichen durch Schrift, Gebärden und Symbole (Zirkel, Winkelmaß, Hammer, Kelle, Schurz). Bis die Freimaurer für ihre Zusammenkünfte (Logen) eigene Häuser besitzen (in Leipzig ab 1847), mieten sie – und jetzt sind wir bei unserem Thema angelangt – vor allem in öffentlichen Wirts- und Kaffeehäusern ein oder mehrere Vereinszimmer, die als »Logenlokal« für die verschiedenen Zwecke der Zusammenkünfte (Arbeiten sind z. B. Tafellogen, Trauerlogen, Konferenzlogen) vorher entsprechend dekoriert werden. In der ersten Hälfte des 19. Jahrhunderts sind es zum Teil ganze Etagen, die von den Logenbrüdern dauergemietet sind.

Um 1800 hat Leipzig neben diversen Winkellogen – die berüchtigste betreibt der, wie man später weiß, betrügerische Kaffeewirt und Geisterseher Schrepfer in seinem eigenen Kaffeehaus! – drei offizielle Logen: Minerva zu den drei Palmen, Balduin zur Linde und Apollo zu den drei Akazien. Ihre Logenlokale befinden unter anderem in *Richters Caffe Haus* (Katharinenstraße 23), im Gasthof *Feuerkugel* (Neumarkt 3), im *Goldenen Schiff* (Große Fleischergasse 12), im *Wein- und Kaffeehaus Vinoni* (Schulstraße 1, hier tagt Minerva von 1780 bis 1901) und in *Klassigs Kaffeehaus* (zuerst Hainstraße 11 im *Anker*, seit 1802 Katharinenstraße 12).

Zu den Gründungsmitgliedern der Balduin-Loge gehört im Jahr 1776 der stadtbekannte Kaffeewirt Georg Wilhelm Richter, der im zweiten Stock des Romanushauses sein Etablissement von 1772 bis 1794 betreibt. Nachdem Richter »aus der hiesigen Observanzloge der Minerva aus gerechtesten und gegründeten Ursachen freiwillig auf immer abgegangen« ist, wird er mit Gründung von Balduin während einer Konferenzloge zum Zeremonienmeister gewählt. Es versteht sich von selbst, daß die Balduin-Brüder bis 1794 in *Richters Caffe Haus* sowohl ihr Logenlokal haben als auch hier ihre Freizeit miteinander verbringen. Als Richter 1794 sein Kaffeehaus schließt, hat er als begeisterter Freimaurer anderweitig vorgesorgt: Das von ihm 1793 erbaute Gesellschaftshaus *Place de Repos* »vorm Barfußpförtchen« (Dittrichring 15, abgebrochen 1898) ist ein Musterbau freimaurerischer Ideen und möglicherweise als erster Leipziger Logenbau anzusehen. Richter bestimmte ihn für die Nutzung »einer geschlossenen Gesellschaft« und läßt ihn mit – wie sich Zeitgenossen auszudrücken pflegen – »allerhand mystischen Sinnbildern zieren«. Ein Aquarell von Benjamin Schwarz aus dem Jahr 1793 zeigt den *Place de Repos* (Zufluchtsstätte) als leicht geschwungenen, galerieartigen, eleganten Gartenpavillon, vor dem Damen und Herren lustwandeln.

Logenbrüder treffen sich in unterschiedlichen Abständen, von täglich bis mindestens einmal wöchentlich reicht die Spanne. Ist die »Conferenzstunde« zwischen 12 und 13 Uhr angesetzt, handelt es sich meist um eine Tafelloge. So unterschiedlich die einzelnen Statuten auch sind, so ist die gemeinsame Mahlzeit (Tafelloge, häufig abgehalten zu Ehren auswärtiger Gäste) doch bei allen Leipziger Freimaurern um 1800 ähnlich strukturiert: Es existieren keine grundsätzlichen Speise- oder Getränkeverbote, wohl aber nahezu übereinstimmende Vorschriften darüber, daß nur »zur Nothdurft« gegessen und getrunken werden soll (wobei auch hier einige Ausnahmen die Regel bestätigen). Völlerei oder ausgelassene Trinkgelage sind bei zeremoniellen Maurermahlzeiten ausgeschlossen, der Anspruch an Küche und Keller ist mehr als bescheiden. Die Anzahl der

Cafe Francais (Felsche), Innenansicht, Foto um 1880

Gänge beschränkt sich meist auf drei. Der einzige Luxus, wenn man so will, besteht in der Dekoration des Tisches mit drei im Winkel aufgestellten brennenden Kerzen und – so man welche besitzt – mit der Aufstellung von figürlichen Plastiken aus Porzellan. Diese Kleinfiguren stellen Freimaurer dar (erkennbar an Schurz, Winkelmaß und Zirkel) und werden Ende des 18. Jahrhunderts von der Meißner Manufaktur problemlos geliefert.

Von den zeremoniellen »Arbeiten« oder der offiziellen Tafelloge erholen sich die Apollo-Brüder, indem sie 1810 eine Art wöchentlichen Stammtisch gründen, der sich in *Klassigs Kaffeehaus* trifft: »Damit auch außerhalb der eigentlichen Logenarbeiten die Brr [= Brüder] einander näher träten, und ein edler Verkehr gepflegt würde, schlug er [= Br Diemer] die Gründung eines Kaffeeklubs vor, der Mittwochs' nachmittags zwischen 2 bis 5 Uhr die Brr zwanglos vereinen sollte; das Spielen war bei diesen Zusammenkünften verboten. Der Vorschlag fand viel Anklang, und die Nachmittage waren zahlreich besucht.«   UH

Rauchfleisch mit Linsen

380 g *Rauchfleisch*
500 g *Linsen*
30 g   *Fett*
25 g   *Mehl*
15 g   *Zucker*
2 EL   *Essig*
1   *Zwiebel*
         Salz, Pfeffer, Natron

Die Linsen werden einen Tag vorher in kaltem Wasser mit einer Prise Natron eingeweicht. Das Fleisch wird in etwa 1½ l kochendem Wasser angesetzt. Unterdessen werden die Linsen im Einweichwasser zum Kochen gebracht und anschließend abgegossen. Die Linsen werden zum Fleisch gegeben und bei geringer Hitze weichgekocht. Ist das Fleisch weich, wird es herausgenommen und in kleine Würfel geschnitten.
Für die Mehlschwitze wird das Fett erhitzt und dann das Mehl hinzugegeben. Ist das Mehl goldbraun, wird es mit der kleingehackten Zwiebel vermischt.
Die Mehlschwitze mit etwas Wasser verrühren, zu den Linsen geben und etwa 10 Minuten kochen lassen. Mit Essig, Salz, Pfeffer und Zucker abschmecken und die Fleischwürfel zugeben.

Rezept aus dem Altertum

Die Weinbergschnecken muß im Herbst man hetzen,
wenn sie versuchen, ihr Gehäus zu schließen,
und sie drei Wochen lang in Weißmehl setzen,
bis ihre Kacke hell wird. – Das Genießen

beginnt mit dem Bewußtsein, daß sie leiden.
Und wenn man selber schon beginnt zu sieden,
dann lasse man sie in den Weinsud gleiten:
sie sterben schnell.   Und wallen auf in Frieden!

Man gabelt aus den Häuschen nun die Leichen
und kappt die Krone ihres Augenlichts
und salzt die Rümpfchen, und – nach alter Art –
kann man sie noch mit Knoblauchcreme bestreichen ...

Das ist die Macht: sie schmeckt an sich nach nichts.
Doch scharf gewürzt vermutlich recht apart ...

                                        AR

Rezept aus der Gegenwart

Herr Heut kauft graue Krebse, die lebendig
im Glas-Bassin der Feinkosthandlung hakeln.
Und wundert sich zuhaus, wie selbst-beständig
die Krustentiere noch durchs Dasein stakeln.

Herr Heut gießt reines Wasser in die Wanne,
um seine müden Krebse zu erfrischen.
Und bürstet jeden blank. – Und ganz im Banne
der Möglichkeit, besondres aufzutischen,

die Auferweckten schmeißt er (schaut, er bebt!)
ins Salzgewässer, wenn es Blasen spricht
in seinem Topf! Und staunt: es überlebt
sein Abscheu vor sich selbst die Krebse nicht!

Denn diese werden, wo enttarnt, ganz rot ...
Da ist Herr Heut aus der Gewissensnot.

AR

Leipziger Allerlei mit
»des Krebses rodher Leiche«

Nur ein einziges Merkmal hat das Leipziger Allerlei wirklich zu haben: Es handelt sich um Gemüse, um mindestens zwei Sorten! Zwischen dem Betriebskantinen-Klumpatsch von Erbsen und kleingewürfelten Möhren (der in einer Edelausführung bis vor drei Jahren als »Mischgemüse« in der Karl-Liebknecht-Straße tonnenweise in Konservengläser abgefüllt wurde) und dem neuerlich – scheinbar einem Luxuskochbuch der Nouvelle Cuisine entstiegenem – »wiederentdeckten« angeblichen Originalrezept aus dem 19. Jahrhundert liegen Welten! Sowohl die zu Tode gekochte Sättigungsbeilage der letzten vierzig Jahre als auch die kunstvoll arrangierte Platte von gnadenlos ausgewählten Frühgemüsen (Spargel, Möhren, Schoten, Kohlrabi, Blumenkohl) nebst Flußkrebsen und Morchelpilzen nennt man Leipziger Allerlei. Halten wir uns an letztere: Junge Gemüse sollen es sein! Und Speisemorcheln. Da diese aber in verschiedenen Monaten heranwachsen, liegt es nahe, daß die Leipziger Allerlei-Saison eigentlich nur zwischen Mai und September liegen kann, wobei die »richtige« sich sogar auf den Mai beschränkt, denn da sind die Gemüse knackig jung und die Morcheln, die zwischen Mitte März und Anfang Mai wachsen, noch wirklich frisch.

In keinem der seit 1990 wie die Morcheln aus dem Boden schießenden »sächsischen Kochbüchern« fehlen heute einschlägige Rezeptanleitungen für Leipziger Al-

Annonce um 1900

lerlei. Viele gehen (sprich: sind dort abgeschrieben) auf Kochbücher aus der zweiten Hälfte des 19. Jahrhunderts zurück, wo es einerseits tatsächlich noch frische, halb ausgegrabene Morcheln auf dem Gemüsemarkt und Flußkrebse in der Fischhandlung gibt, andererseits aber auch bereits keinerlei Scheu besteht, ein »Winter-Allerlei« aus der Konserve oder gar fabrikmäßig getrockneten Gemüsen zu empfehlen! Man kann es also halten, wie man will – reine Geschmackssache!

Daß es, wie Herbert Pilz zeigt, unter etlichen anderen Varianten Ende des 19. Jahrhunderts in der Leipziger Gastronomie vorkommt, im Monat März ein Allerlei zu präsentieren, zu dem man als »Beilage« Koteletts oder Zunge bestellen kann (am 12. 3. 1886 im *Burgkeller* als Tagesspezialität angepriesen), beweist, daß unsere Altvordern die Sache ebenso betrachteten: Der eine stört sich nicht an der Konserve und geht zur Nahrungsaufnahme in den *Burgkeller*, der andere fährt extra nach Connewitz, um im *Eiskeller* (Koburger Str. 3, heute Jugendclub *Conne Island*) Anfang Juli 1901 das vom Gastwirt Rosenkranz angebotene »Allerlei von nur jungen Gemüsen« zu verspeisen. Daß ein dreitägiges November-Schlachtfest gleichzeitig Anlaß sein kann, mittags »Allerlei« anzubieten, beweist der findige Wirt vom *Gutenberg-Keller* (Gutenbergplatz 3/7) im Jahre 1911. Wie gesagt: reine Geschmackssache – oder?

Sogar die Literatur bleibt nicht verschont: Edwin Bormann, humoristischer Lokalpoet der Messestadt, zählt im »Lied von Leibz'ger Allerlee« – das wir wegen Poesiemangels hier niemandem zumuten wollen – im Jahr 1886 auf, was aus seiner Sicht zum vaterländischen »Pracht-Menie« gehört: Möhren, Kohlrabi, Bohnen, Blumenkohl, Schoten, Spargel, Morcheln, »des Krebses rodhe Leiche«, »der Kleeßchen [Klöße] lange Reihe« und Kalbskoteletts. Wahrscheinlich hat dieser Dichter auch mehr im *Burg-* und *Gutenberg-* als im *Eiskeller* verkehrt! Sei es drum, auch dies – damals wie heute – reine Geschmackssache!

UH

Gebratener Blumenkohl

1   *großer Blumenkohl*
4   *Eier*
      geriebene Semmeln, Öl, Salz

Der Blumenkohl wird fast gar gedünstet und anschließend zerteilt. Die Röschen werden in Ei, Salz und geriebenen Semmeln gewendet und in Öl goldbraun gebraten.

Schwein gehabt –
Leipziger Schlachtfeste um 1900

Neben dem Kaffeekanon können viele angestammte Leipzigerinnen und Leipziger auch einen »Schweinekanon« singen, der zwar nicht so heißt, auch in keinem Liederbuch steht, den aber trotzdem etliche kennen:

»Schwein du bist tot, und liegst auf dem Tisch.
Schwein du bist tot, jetzt (fr)essen wir dich!«

Wer diesen Kanon wann erfunden hat, wissen wir nicht. Daß er während eines Schlachtfestes entstanden sein könnte, ist nicht von der Hand zu weisen: Das Schwein ist tot, und Teile davon (das ganze Schwein liegt natürlich nie auf dem Tisch!) sind innerhalb von zwei bis acht Stunden für den Sofortverzehr fertig – zuerst das gekochte Wellfleisch, danach die Kesselwürste. Zwischen den einzelnen »Abschnitten« beim Schweineschlachten vergeht allerhand Zeit, die sich vielleicht irgendwann im 19. Jahrhundert einmal einer mit der Kanonerfindung vertrieben hat, weil die Blut- oder Leberwurst, die er mitnehmen wollte, noch nicht fertig war. Es ist hier nicht der Platz, über das Schweineschlachten im bäuerlichen Jahresablauf, die damit verbundenen Sitten und Gebräuche zu sprechen, deren Wurzeln zum großen Teil in das frühe Mittelalter beziehungsweise sogar in die Antike zurückreichen. Nur so viel: Innerhalb der Stadt, also auch in Leipzig, werden höchstselten Schweine geschlachtet, weil sie aus hygienischen Gründen im städtischen Lebensraum weder von Privatperso-

Restaurant
von
G. Seidler,
Schulstraße Nr. 2.
Heute großes
Schlachtfest,
früh 9 Uhr Wellfleisch,
Wurst u. Wurstsuppe.
Bier und Gose ff.
Guten anerkannten
Mittagstisch. D. O.

Annonce um 1900

nen noch vom Gastgewerbe gehalten werden dürfen. Die wegen ihres Gestanks berüchtigten Leipziger »Bäckerschweine« durften bereits im 16. Jahrhundert nicht mehr in der Stadt heranwachsen. Damit die Städter aber auch in den Genuß von ganz Frischgeschlachtetem kommen können, bieten Hotels und Restaurants verstärkt seit Mitte des 19. Jahrhundert an bestimmten Tagen »Schlachtfeste« an, bei denen es so zugeht, wie auf einem richtigen Schlachtfest: Das lebende Tier wird am Vorabend oder am frühen Morgen gebracht, im Hof geschlachtet und sofort verarbeitet. Daß es 24 Stunden zuvor nichts mehr zu Fressen bekommt (damit die Därme entleert sind) und daß es vor allem auf keinen Fall geschlagen werden darf (weil sich sonst das Fleisch nicht hält), sind Binsenweisheiten, die man damals noch beachtete. Daß die heute zum Teil praktizierten rigiden Fleischkonservierungs-, Aromatisierungs- und Färbemöglichkeiten völlig über den natürlichen Geschmack von Hausgeschlachtetem hinwegtäuschen und leider den unglaublich brutalen Umgang mit Schlachtvieh ermöglichen, sei zumindest erwähnt.

Gesetzlich vorgeschrieben ist schon lange, daß ein staatlich geprüfter Fleischbeschauer (meistens der ortsansässige Tierarzt) die aufgehängte Sau genau und im wahrsten Sinne des Wortes »unter die Lupe« nimmt, um

Fleisch (vor allem auf Trichinen) und Innereien zu untersuchen. Drückt er nach eingehender Betrachtung seinen Stempel auf das tote Tier, kann das »Schlachtfest« beginnen, denn erst jetzt darf beispielsweise das sofort anfallende Wellfleisch verkauft werden. Trotz der Selbstverständlichkeit veterinärhygienischer Fleischprüfung, gibt es Gastwirte in Leipzig (z. B. *Restauration Ernst Schulze*, Klostergasse 3), die um 1900 betont annoncieren: »Heute Schlachtfest nach mikroskopischer Untersuchung des Hrn. Bezirks-Thierarzt Prietsch«.

In wahrlich beeindruckender Vielfalt veranstalten die Leipziger Hoteliers und Gastwirte um 1900 an bestimmten Tagen nicht nur Schlachtfeste, sondern auch regelrechte Schlachtfestserien, zu denen sie per Zeitungsannonce einladen. Auffällig ist dabei, daß häufig die Uhrzeit angegeben ist, ab wann was serviert oder über die Straße verkauft wird, so daß wir davon auszugehen haben, daß an diesen bestimmten Tagen das Personal in der jeweiligen Hotel- oder Restaurantküche tatsächlich von früh bis abends mit dem Verarbeitunsprozeß (Blut rühren, Därme säubern, Wurstfüllungen herstellen, Fleisch zerkleinern) beschäftigt ist. »Früh« zwischen 7 und 11 Uhr, meist genau angegeben mit 7.30, 8.00 oder 1/2 9 Uhr, gibt es Wellfleisch. Einige Stunden später oder am Abend frisch gekochte Kesselwurst, Leber-, Blut-, Grütz- oder Bratwurst. Wer von allem etwas will, bestellt sich Schlachtplatte.

Wurstsuppe oder -brühe fällt an, wenn die Wurstherstellung beendet ist. Die stark gewürzte und fettige Brühe wird in großen Kannen abgeholt. Auf dem Dorf ist es nicht selten üblich gewesen, die Wurstbrühe an arme Leute zu verschenken, in der Stadt wird sie für Pfennige literweise verkauft und, wenn sie abends immer noch nicht aufgebraucht ist, ebenfalls verschenkt.

UH

Annonce um 1900

Das Wellfleisch zu Wellaune

Die ziemlich gleich-mäßigen Leistungen Leipziger Literaten in den siebziger Jahren und die Tatsache, daß fast jeder von ihnen sein Graubrot mit dem Sauerteig des Johannes-R.-Becher-Literaturinstitutes gebacken hatte, bewirkte eine seltsame Einvernehmlichkeit unter den Mitgliedern des örtlichen Schriftstellerverbandes.

Diese Harmonie, zu deren Grundlagen freilich auch eine gehörige Portion Desinteresse an den Befindlichkeiten der Kollegen gehörte, wurde besonders augenfällig bei den alljährlichen, als »Vollversammlungen« getarnten, Freß- und Saufgelagen des Vereins. Die schreibende Rotte bevorzugte bei diesen Zusammenkünften geschichtsträchtige Restaurationen, wie zum Beispiel das *Hotel Hochstein* (Paul-List-Straße 5) am Bayrischen Bahnhof, in dem sich der Olle Marx gutbürgerlich auf seinem Pfuhl sehr kurzzeitig, nämlich nur eine Nacht, geräkelt hatte. Oder sie schaukelte per Bus zum Schlachtfest nach Wellaune, einem Nest in der Nähe von Bad Düben. Denn der dortige Gasthof heißt *Kohlhaasenkrug* (Dorfstraße 7). Und hartnäckig hält sich das Gerücht, die bittere Geschichte des Michael Kohlhaas, wie sie Heinrich Kleist beschrieb, habe hier ihren Ursprung gehabt.

Es ist nicht überliefert, ob die Autoren-Bande sich guten Willens von Kohlhaasens Gerechtigkeitssinn oder von Kleistscher Sprachgewalt inspirieren lassen wollte. Sie dachten doch wohl nur an das Schlachtfestessen, denn keine der beiden genannten Eigenschaften überkam sie an jenem Tag – sonst übrigens auch nur selten.

Da klumpten sie nun im trüben Saal beieinander und mampften dampfende Blut- und Leberwürste, Salzkartoffeln und Sauerkraut und in Senf gedipptes, fettiges, frisches Wellfleisch sowie den ihrem Gespräch ähnelnden Hackepeter in sich hinein. Und gurgelten eifrig Pilsner und Korn, bis daß sie voll waren von Bier und Schnaps, von wüstem Würste-Würgen und trunkenen Kleist-Interpretationen.

»Der Gerechtigkeits-Amok des K.«, dozierte ein nicht ganz unbekannter Kollege, »läßt auf anarchistische Paranoia der literarischen Figur schließen.«

»Gerechtigkeits-Amok?!«, brauste da ein junger Kandidat des Verbandes auf, »Gerechtigkeits-Amok sagen Sie, und schreiben zu Hause kühn über Vietnam?!«

Ein Schweigen bemächtigte sich der Runde, und wäre jetzt Kleist leibhaftig an den Tisch getreten, hätte ihm gewiß einer zugezischt: »Diese Tafel ist heute für Schriftsteller reserviert.«

Altväterlich gütig aber sagte ins Schweigen hinein des Unworts Erfinder: »Ach, du kleiner Kohlhaas ...« Mit dieser Bemerkung leitete er den lustigen Teil der Zusammenkunft ein.

Daß einige noch halbwegs frische Schreiber zu späteren Wellfleisch- und anderen Parties des Verbandes nicht mehr erschienen, wirkte sich förderlich auf die Harmonisierung des Vereinslebens aus.

AR

»Löwenschwanzsuppe gefällig?«

Statt »Eulen nach Athen« könnte man in unseren Breiten von etwas gänzlich Bekanntem sagen, daß es so wäre, wie »Löwen nach Leipzig zu tragen«. Keine Sorge, hier werden jetzt nicht die zahllosen Leipziger Löwen aufgezählt, die sich auf Stadtwappen spreizen, als Denkmäler räkeln und Türgriffe dienen oder im Zoo alljährlich zur Welt kommen. Wer aufmerksam durch die Stadt geht, findet sie hundertfach.

Die Rede ist auch nicht von einem Gasthof, der vielleicht *Zum Löwen* heißt. Daß Leipzig einen Löwen im Stadtwappen führt, ist allerdings nicht der Grund, warum es seit dem 16. Jahrhundert bis heute mehrere Löwen-Wirtschaften gleichzeitig gibt, die sich unterscheiden in *Weißer Löwe, Goldener Löwe, Roter Löwe, Blauer Löwe, Güldener Löwe* oder *Löwenkopf.* Sogar einen unnatürlich gestreiften Löwen gab es: Der Gasthof *Roter und Weißer Löwe* (Brühl 3), 1653 erstmals erwähnt (1886 abgebrochen), führt seine Farben rot über weiß quergestreift auf die Thüringer Landesfarben zurück, dessen Fuhrleute hier vornehmlich ausspannten. Wie bereits erwähnt, sind die Löwen in erster Linie ursprünglich Entlehnungen aus hoheitlichen Wappen (ein roter z. B. deutet Reichsbesitz an), was aber im 18./19. Jahrhundert für neue Namensgebungen nicht mehr relevant ist, weil beispielsweise die *Restauration Löwe* (Nikolaistraße), in der Nietzsche seine Vorträge hält, nichts anderes aussagt, als daß der Gastwirt so heißt.

Daß sich derzeit (Frühjahr 1993) das bisherige *Hotel zum*

Porträt des Wüstenkönigs Abdul, Holzschnitt 1921

Löwen am Hauptbahnhof gerade seines Namens entledigt, verwundert ein wenig, gibt es doch bis auf einen *Goldenen Löwen* (Wurzener Straße 6) momentan nur noch einen kleinen Bastard (*Leo's Pub*) weit und breit zu sehen.

Nein, hier ist von einem leibhaftigen Löwen die Rede, und zwar von einem, dem bei seinem unerlaubten Spaziergang durch Leipzig der Schreckensruf vorauseilt: »Hilfe, Hilfe, der Löwe ist los!«. Da dies in Leipzig öfter vorgekommen ist, melden wir als Datum den 19. Oktober 1913. Am nächsten Morgen ist der Todestag des

»ausgebrochenen und polizeilich erschossenen Wüstenkönigs Abdul«. Mit sieben Schuß aus der Dienstwaffe des Schutzmannes Weigel vor der kleinen Kneipe *Graupeter* (Berliner Straße 42) zur Strecke gebracht, taugt zwar das Fell nichts mehr, aber die »Trophäe« ist ja eventuell zu verspeisen? Wie viele Gastwirte oder Hoteliers sich um den verblichenen Löwenkater Abdul bemühten, wissen wir nicht, bekommen hat ihn jedenfalls Curt Däweritz, Chef von *Aeckerleins Keller* und gleichzeitig Obermeister der Leipziger Köcheinnung. Wenige Tage später lädt Däweritz zum Löwenbankett, an dessen witzig-origineller Zwölf-Gang-Inszenierung nicht nur Köche, sondern auch Schauspieler und Musiker beteiligt sind. Wir zitieren das Menu, das in seiner prächtigen Inszenierung Abdul alle Ehre tat:

1. Musik: Erwachen des Löwen (Reveil du Lion) von Kontski.
2. Löwenschwanzsuppe nebst getrüffelten Tatzen à la Androklus.
3. Vortrag: Die Löwenbraut. Gedicht von Julius Mosen. Musik von Robert Schumann.
4. Inkrustation von Meeresfrüchten aus dem Golfe du Lion.
5. Deklamation: Der Löwenritt von Ferdinand Freiligrath.
6. Ansprache: Nachruf an Abdul, den am 20. Oktober 1913 erschossenen Wüstenkönig.
7. Leipziger Löwenlendchen à la Chevalier au Lion.
8. Vortrag: Der Huesco. Ballade von Karl Löwe.
9. Schnepfe à la Richard Löwenherz. Salat von Löwenzahn. Löwengelbe Mirabellen.
10. Divertissement aus der Oper »Die vierzehn Nothelfer« von M. Löwengard.

11. Plastische Eisgruppen und Formgebäck: Herakles erwürgt den nemeischen Löwen. Daniel in der Löwengrube. Zechender Löwe, nach der Skulptur von Prof. Wrba.
12. Ballettmusik aus der Pantomime »Susanna im Bade« von Dr. Hans Löwenfeld, Direktor der Hamburger Oper.

Weine: Bianco secco di Frascati aus einer ehemaligen Vigne des Papstes Leo XIII.

Chateau Leoville Poyferre.

Hallgarter Hendelberg, Kreszenz: Fürst Löwenstein

Elixier de Louvain [Likör aus der Stadt Löwen]

Zum Schluß: Münchener Löwenbräu.

Daß in den Tischvasen Löwenmaul steht, scheint logisch, und daß Abduls Mähnenkopf präpariert als Schau- und Prunkstück die Tafelmitte ziert – und zwar mit weit aufgerissenem Rachen, aus dem Flammen lodern – war wohl selbstverständlich.

Gastrosophischer Höhepunkt – so behaupten es einige der Beteiligten – war die Lende. Die Tatzen sollen weniger delikat gewesen sein.

UH

Zoo-Logik

In trister Vorzeit – als von Zweitkarrieren drittrangiger Leute, die das »Beitrittsgebiet« auf Vordermann bringen sollen, noch keine Rede war – hatte Professor Ludwig Zukowsky den Mut, Hagenbecks Tierpark in Hamburg zu verlassen und im Jahr 1950 die Direktion des Leipziger Zoos zu übernehmen.

Freilich stürzte nicht erst während seiner Amtszeit von der schönen, aber etwas eng geratenen Klinkerbau-Anlage der »Bärenburg« ein bettelnder Braun-Brummi in den davor befindlichen Wassergraben ab und mußte notgeschlachtet werden. Neu war nur: Auf der Speisekarte von *Auerbachs Keller* (Grimmaische Straße 2) und der *Zoogaststätte* (Pfaffendorfer Straße 29) fanden sich auffällig ab und an Geräucherte Bärentatze, Bärenschinken in Rotweinsauce oder Bärenbraten. Der Zoodirektor, befragt, ob er diese »Verwertung der zu Tode gekommenen Kreatur nicht pietätlos fände«, konterte bereits marktwirtschaftlich: »Nein. Mit dem Geld für einen verunglückten Bären kann ich ein Jahr lang das Überleben von zehn seiner Artgenossen sichern.«

Dieses Argument ermöglichte es gar den strengsten Tierschützern, sich guten Gewissens eine Portion des deftigen Bratens mit Preißelbeeren und Klößen auftischen zu lassen.

So ist das Leben: Man verspeißt gelegentlich genußvoll die Väter, damit die Kinder nicht hungern müssen.

AR

Der Biene muß!

Die Bundestagsabgeordnete Vera W. wurde im Herbst 1992 bei einer Podiumsdiskussion mit Gelächter geohrfeigt, weil sie behauptete, die Ausländer hätten in der DDR in Ghettos gelebt und folglich seien die Neufünfländler nunmehr sozusagen von der Existenz anderer Völkerschaften überrascht. Es scheint, als habe diese Frau im dahingegangenen Staat nicht nur von der jahrelangen intensiven Spitzeltätigkeit ihres Ehemannes nichts bemerkt.

Wahrlich im »Ghetto« kampierten aber jahrzehntelang ausgerechnet jene Ausländer, mit denen wir laut Aussage der Parteioberen in »unverbrüchlicher Freundschaft« verbunden waren. So ist der liebe Mitmensch nur äußerst selten eines leibhaftigen Sowjetbürgers ansichtig geworden, und seine viel-getuschelte Verächtlichmachung der »Russen« basierte mangels konkreter Bild-Korrektur immer noch ein wenig auf den bekannten Vorurteilen. Freilich spekulierte man gelegentlich im Vorübergehen über vermutlich widerwärtige Zustände in den Kasernen, in denen die Soldaten wie in Isolierhaft untergebracht waren. Aber ein nachfragendes Interesse nach dem Schicksal der »Besatzer« gab es nicht, und die Chance der ganz persönlichen Versöhnung wurde auf jedermanns Ebene und Seite vertan. Es ist bitter, wie viele mögliche Freundschaften durch die Borniertheit der Macht-Anmaßer nicht geschlossen werden konnten ... Dies kann ich behaupten, weil ich durch einige verwirrende Umstände das Glück hatte, mit sowjetischen Offiziersfamilien unter einem Dach zu leben. Wie das? Nun, meine Großmutter hatte 1947/48 einem Major der Roten Armee deutschen Sprachunterricht erteilt und kam nebenbei darauf zu sprechen, daß sie in der zerbombten Stadt über keine eigene Wohnung mehr verfügte. Und da der Major keine Wohnungsverwaltung war, begriff er und sagte: »Wir haben zu Hause Biene groß wie Faust. Und Körbe mit so ganz kleine Türen. Wie kommen Biene in den Korb? Der Biene muß!« Also begab er sich zum Stadtkommandanten, der etliche Häuser in Gohlis für Armeeangehörige requiriert hatte. Und es geschah das Wunder, daß der Kommandant seine eigenen Vorschriften umging und der alten Frau eine Bleibe – wenngleich unterm Dach – in der Ehrensteinstraße 13 bot.

Nun trug es sich zu, daß meine Schwester und ich 1956 aus dem Kinderheim in die Obhut unserer Großmutter überstellt wurden. Unsere Mutter war schon ziemlich lange tot. Der in Westberlin verstorbene Vater hatte natürlich keinerlei Beiträge an die hiesige Sozialversicherung abgeführt, und so erhielten wir lediglich Halbwaisenrente in Höhe von achtzig Mark. Oma war Mindestrentnerin, verfügte folglich über eintausendachthundert Mark – im Jahr! Kurz und schlecht: Der treusorgende Staat gönnte uns ein reichlich bemessenes Verhungerungsgeld. Und Nachbarschaftshilfe? Mein Gott, wir lebten doch unter den Russen, denen man bestenfalls ein verlegenes »Strasdwuidje« im Treppenhaus entgegenplapperte, aber ansonsten in gegenseitigem Einvernehmen mit Distanz begegnete. Unsererseits aus Scheu. Ihrerseits aus Scheu plus Loyalität gegenüber der Anweisung, privaten Kontakt zu Deutschen zu meiden. Folglich begegnete man den massigen Offiziersfrauen auch nur selten im Konsum nebenan, denn sie kauften ihre Siebensachen entweder im »Magasin« am Nordplatz oder in den sogenannten zwei »Russenläden«. Als 10 – 12jähriger, wenn man einen Mut-Anfall hatte und kein bewaffneter Posten den Eingang bewachte, traute man sich in solch ein Geschäft. Und sah verwundert zu, wie flink die Verkäuferinnen mit den farbigen Kügelchen auf ihrem mittelalterlichen Rechenbrett hantierten, während hoch am Himmel die ersten Sputniks kreisten.

Doch nicht nur die Nahrungsbeschafferinnen lebten abgeschieden von der Umwelt: Die Kinder in ihren biederen Schuluniformen besuchten eigene Schulen und spielten auf einem eingezäunten Spielplatz, der sich hinter der Bezirksparteischule verbarg. Und die Militärs, aber nur höhere Offiziere, tranken ihr Piwo im *Hotel Böhme* (heute *Hotel Nord*, Gohliser Straße 25) meistens unter sich. So lebten wir parallel zueinander, statt miteinander, und es schien, als wäre »Der Biene muß!« ein Spruch aus dem Altertum.

War es die russische Frau des LVZ-Redakteurs Walter Hedeler, die ihre Landsleute auf die materiell trostlose Lage der drei in der Mansarde aufmerksam machte? Wie dem auch sei: Eines Abends standen ein Säckchen Buchweizenschrot und ein Stapel Fischkonserven vor unserem Gelaß. Kein Gruß dabei, kein Erkennungszeichen. Aber Buchweizenschrot und Fisch vom KaspiSee.

Und fürderhin fanden wir fast täglich etwas Eßbares vor unserer Wohnungstür: Grütze, Stockfisch, Zucker und salzige Butter, übersüße Tortenstückchen und Fondants, knoblauchduftende Piroggen und an sowjetischen oder deutschen Feiertagen ein Fläschchen Wodka für Babuschka ... Und sage da keiner verächtlich: »Das war doch alles nur etwas, was die Russen von ihrem

Deputat abzweigten!« Bei dem läppischen Wehrsold war jedes Geben in den 50er Jahren eben auch ein Verzicht.

Später, als wir Ljona und Slawik bei der »Bescherung« ertappt hatten, kamen wir schnell in einen ganz normalen Kontakt zu unseren Mitbürgern. Aber das muß ich meinen vorurteilsfreien Lesern ja nicht beschreiben.

Nur eine Anmerkung noch: Die Grütze im Kopf kommt von der Grütze im Topf. Und es sind meine Landsleute nicht, denen ich an dieser Stelle danke.

AR

Schöpsenfleisch mit grünen Bohnen

375 g	Schöpsenfleisch
1 kg	grüne Bohnen
¾ l	Wasser
30 g	Mehl
30 g	Fett
1	große Zwiebel
1 St.	Bohnenkraut
1 EL	Salz, Petersilie

Das Fleisch wird geklopft und zusammen mit Salz und einer kleingeschnittenen Zwiebel in heißem Wasser zum Kochen gebracht. Danach werden die geschnitzelten Bohnen und das Bohnenkraut hinzugegeben und alles weichgekocht. Aus Fett und Mehl wird eine Mehlschwitze zubereitet, die mit etwas Brühe glattgerührt wurde. Die Mehlschwitze wird anschließend zu Fleisch und Bohnen gegeben und weitere 10 Minuten gekocht. Das Fleisch wird herausgenommen, in Würfel geschnitten und wieder zu den Bohnen gegeben. Zuletzt wird feingehackte Petersilie gestreut.

Mitschurin hat festgestellt ...

Zwischen dem Jahr 1949, als die Leipziger Kinder tatsächlich – heute will es keiner mehr wahrhaben – voller Ernsthaftigkeit im Schulchor das Quodlibet krähten

> Es lebe hoch und höher
> die deutsche Republik
> und ihr geliebter Führer
> Genosse Wilhelm Pieck!

und dem Jahr 1961, als die Kollektivierung der Landwirtschaft auch von Kinder-Agit-Prop-Gruppen unterstützt wurde, die aufs Land gefahren wurden, um vom Leiterwagen herunter den neuen, sozialistischen Bauernkatechismus »von der Wurst am Stengel« (= Mais) zu verbreiten: Also in diesem Jahrzehnt war die Versorgungslage für viele Leipziger zumindest angespannt, wenn nicht sogar schwierig.

Wie schon in den versorgungsschwachen letzten Kriegsjahren – damals in Richtung Goebbels und Gestapo geflüstert – macht nun der Leipziger Volksmund sein verhalten-hintertückisches Maul in Richtung der neuen Ideologen unter Väterchen Stalin auf: Trockenes Brot mit Salz bestreut nennt man frech »Stalin-Torte«. »Oh Gott, ihr bringt uns noch alle ins Zuchthaus!« – ist der erneut-ängstliche Ausruf der Mütter, die ihren Kindern nichts anderes bieten können, wie sich der Grafiker-Karikaturist Egbert Herfurth erinnert.

Die erstaunlichen Leistungen der weit entfernt betriebenen sowjetisch-wissenschaftlichen Obstbaumzucht mit anschließender Großmarmeladenproduktion unter Mitschurins Namen, die allen DDR-Schulkindern bis Mitte der 50er Jahre nahegebracht werden, »memorieren« diese – Fettmangel ist übrigens das größte Problem der Nachkriegszeit – beim Hinunterwürgen ihrer dürren, mit undefinierbarem Aufstrich versehenen Frühstücksbemmen mit dem schlüssigen Vers:

Mitschurin hat festgestellt,
daß Marmelade Fett enthält.
Drum essen wir auf diese Weise
Marmelade eimerweise.

Sieht mancher humorige Neulehrer über eine derartige Verunglimpfung der Sowjetwissenschaft noch hinweg, so kann er die kindliche Abwandlung

Mitschurin hat festgestellt,
daß der Arsch die Beene hält.
Die Beene, die sind so gestellt,
daß der Arsch nich runterfällt

nicht mehr tolerieren, ohne selbst von der Schule zu fliegen. Die Stalin-Mitschurin-Oparin-Lepeschinskaja-Ära weicht 1956 dem Chrustschow-Zeitalter mit der Anfang der 60er Jahre importierten und staatlich verordneten Wurst-am-Stengel-Therapie für die sozialistische Tierproduktion. Die offizielle Lyrik lautet

Der Mais, der Mais, wie jeder weiß:
Das ist die Wurst am Stengel.
Der Mais, der Mais, wie jeder weiß:
Das ist ein strammer Bengel!

Im Klartext: Nicht mehr mit irgendeinem herkömmlichen Futter, sondern mit Mais sollten die in Großmastanlagen gezüchteten Schlachtschweine aufgepäppelt werden. Die wenigen »borniertes« Einzelbauern, vor deren Höfen per Lautsprecher diese Lyrik abgefahren wird, um sie zum »freiwilligen« Eintritt in die Genossenschaft zu bewegen, können sich mit der Gegenthese – daß Fleisch und Speck von Mais-Schweinen nicht schmecken, weil sie ölig sind – nicht behaupten. Einige Jahre später wird diese staatliche Kampagne gehörig eingeschränkt, weil sich herausstellt, daß der Speck irgendwie tranig schmeckt!

Der großflächige Silomaisanbau hatte zumindest für Schulausflügler im Leipziger Tiefland den angenehm-verbotenen Effekt, junge Maiskolben aus ihren grünen Hüllen zu befreien und abzuknabbern. Ganz verwegene wußten auch, wie Maiskolben über offenem Feuer geröstet werden oder gar, wie man eine Kolbensuppe kocht. Von den daran haftenden Pestiziden wußte man damals noch nichts.

UH

Kalbfleisch mit Rosinen und Kapern

1 kg	Kalbfleisch
3 EL	Rosinen
1	Zitrone
	geriebene Semmeln, Kapern, Weinessig, Zucker

Das Fleisch wird in kochendes Salzwasser gegeben und etwa 1 bis 2 Stunden auf kleinem Feuer gekocht, wobei es öfter gewendet werden sollte.

Die Rosinen werden in kaltes Wasser gelegt und kurz zum Kochen gebracht. In einem Tiegel werden die geriebenen Semmeln in Butter geschmort bis sie gelb sind. Die Kalbfleischbrühe und die Rosinen werden danach mit den Semmeln vermischt und nochmals kurz gekocht. Der Brühe werden etwas Weinessig, der Saft einer Zitrone und wenig Zucker zugegeben. Die Kapern werden erst kurz vor dem Servieren in die Brühe gegeben.

Großmutters Begierden in den 60er Jahren

Großmutter war einmal. – Wollte sagen: Großmutter war einmal reich. Und folglich durchaus imstande, eine Artischocke von einem zu klein geratenen Weißkohl zu unterscheiden.

In den sechziger Jahren, als alles wunderbar planmäßig vor-zurück-zur-Seite-ran-aufwärts-zur-Abfahrt ging, bereitete sie sich allerdings überaus häufig Arme Ritter zu: Was sie auftischte, waren nichts anderes als zuckerbestreute, mit Muckefuck übergossene Graubrotscheiben.

Aber gelegentlich überkamen sie doch heißhungrige Völlerei-Gelüste. Dann raffte sie ihre letzten Pimperlinge zusammen und sich auf und begab sich gesenkten Blickes zur Filiale der Freibank in der Menckestraße, die sich neben der für sie uneinnehmbaren Festung der Schokoladenfabrik Goldeck befand. Im hutzligen Häuschen schräg gegenüber dem Laden hatte Friedrich Schiller übrigens seine »Ode an die Freude« ausgedichtet. Und es wäre nicht übermäßig verwunderlich gewesen, hätten die abgeschabten Rentner in der Warteschlange gelegentlich das »Freude, schöner Götterfunken« vor sich hingesummt. Denn in der etwas schmuddligen Fleischerei, vor der sie sich wackelbeinig eingereiht hatten, konnten sie für fünf Mark etwa zwei Kilo abgekochten Fleisches notgeschlachteter Haustiere ergattern. Wer mit dieser demütigenden Chance vorlieb nahm, kriegte als Lohn wenigstens mal einen Happen

Schweinebraten auf den Teller, öfter als zu Zeiten der Lebensmittelmarken. Und die HO-Wucherbuden waren für den Mindestrentner aus Finanzgründen damals ebenso tabu wie ein, zwei Jahrzehnte später die Delikat-Läden oder die neiderzeugenden Intershops.

Großmutter versuchte andauernd, das ausgelaugte Fleisch mittels Salz, Pfeffer, Essig, Lorbeerblättern und Gewürzkörnern zu Sauerbraten zu veredeln. »Ein bißchen töricht«, werden jene sagen, die sich tagtäglich eine Kalbshaxe in den Schlund schieben konnten. Aber ich frage mich, ob ein lebenslänglich mangelentbehrendes Geschöpf jemals begreifen wird, welche Genüsse ihm entgangen sind? Immerzu freut man sich, daß man nunmehr Bananen und Orangen nahezu nachgeworfen bekommt. Aber ein wenig Weihnachten ist dabei ja doch auf der Strecke geblieben.

Es kam vor, daß Großmutter auch die paar Mäuse für einen Einkauf in der Freibank nicht mehr ihrer Geldkatze entlocken konnte. Dann schleppte sie ihre letzte Habe auf Nimmerwiedersehen in die bahnhofsgroße Halle des Städtischen Leihhauses am Erich-Weinert-Platz, der nach jenem Dichter benannt war, den sie und ihr Mann Anfang der zwanziger Jahre in ihrem literarisch-musikalischen Cabaret (*Retorte*, Pfaffendorfer Straße 4) seine ersten größeren Brötchen verdienen ließen. Es ist nicht auszumachen, ob Weinert – Präsident des Nationalkomitees Freies Deutschland und später Kandidat für das höchste Staatsamt in der DDR – seine ehemaligen Mäzene aus ideologischen Gründen boykottierte oder an ganz natürlichem Gedächtnisschwund litt.

Großmutter jedenfalls trabte graumausig in die öffentliche Beleihanstalt und zerrte angesichts der zunehmenden Wertlosigkeit ihrer Pfänder immer häufiger ihre dünnen Enkelchen in den tränenpfützigen Tempel mit, weil die so erbärmlich gucken konnten, daß sie dort der Verarmten auch noch das lumpigste Laken mit einem symbolischen Geldbetrag beliehen.

Und gerade erst ihrem ewigen Canossa entkommen, haute Großmutter für damalige Verhältnisse gewaltig auf den Putz: Sie packte ihren Anhang schwarzfahrerisch in die nächste Straßenbahn und gondelte mit ihm zur *Pony-Diele*, die offiziell *Roßfleischgaststätte Marie Pohler* (Peterssteinweg 10, heute *Kleine Münze*) hieß (was kein Mensch wußte) und in der die Pferdefleisch-Bulette mit Salzkartoffeln und sämiger Soße gerade einmal 60 Pfennige kostete.

Und wage mir keiner zu behaupten, die zehnmal so teuren Roßwürsteln auf dem Sachsenplatz anno '92 hätten Großmutter besser geschmeckt als das Gelumpsch in der *Pony-Diele* oder in der gäule-verarbeitenden Gaststätte an der Ecke Täubchenweg/Riebeckstraße.

Und war Großmutter in dieser halben Stunde trotz ihres Bewußtseins, daß man auch einen Hummer verspeisen kann, glücklich? Vermutlich wäre ein klares »Nein!« der Lüge wesentlich näher als ein verhaltenes »Ja!«.

AR

Die Freuden des Mittags
im Knast 1969

Oben war Himmel. Ringsum standen stacheldrahtüber-
spannte Mauern. Der betonierte Fußboden der Einfrie-
dung maß etwa drei mal vier Meter. Kurz vor dem Mittagessen durfte der Gefangene in diesem Karree ein wenig auf- und abtigern.
Vermutlich gegen zwölf Uhr wurde der emaillierte
Freßnapf durch die Luke geschoben. Meistens gab es
oberflächlich gesäuberte Kaldaunen, aufgekocht in
einem säuerlichen Sud. Oder in heißem Wasser einge-
weichten Gries mit einer darübergepusteten Staubspur
von stockigem Zimt. Oder Graupen, unter die verse-
hentlich eine einsame Fleischfaser geraten war. Oder
elendig sämige Suppe aus weißen Bohnen. Ein Koch
hätte freilich aus diesen nicht eben kostspieligen Grund-
Substanzen was sonderlich Schmackhaftes zubereiten
können. »Aber«, wie Hauptmann Körner vom MfS zu
sagen pflegte, »wir sind zwar ein Interhotel, jedoch eins
für Heruntergekommene«.
Einmal, am Staatsfeiertag der Verflossenen, wurden die
Delinquenten mit einer mehlhaltigen Bratwurst nebst
grauschimmerndem Kartoffelbrei beglückt. Und einmal, am Staatsfeiertag der Verflossenen, wurde jedem
Gefangenen ein gebratenes Spitzbein mit Sauerkraut
und Laugenkartoffeln kredenzt. In unglaublicher Gier,
noch ein zweites Fetzchen Fleisch zu ergattern, überbo-
ten sich die Einsitzenden gegenseitig mit dem Erzählen

brechreiz-erzeugender Geschichten. Die erfolgreichsten Fabulierer konnten an diesem Mittag mehrere Spitzbeine vertilgen, während die sensibleren Mitleidenden den »Jumbo« fütterten.

Aber sofern man in Einzelhaft saß, konnte es geschehen, daß einem eine etwa sechzigjährige Knast-Wärterin gelegentlich unter dem Vorwand, sie sei satt, ihr eigenes Mittagessen durch die Luke schob. Wer weiß, wie sie hieß ... Wer weiß, ob sie ahnte, wie sehr sie unseren erschütterten Glauben an die Außenwelt wieder festigte.   AR

Gebackenes Lammfleisch

1 kg *Lammfleisch*
30 g *geriebene Semmeln*
1 *Ei*
50 g *Mehl*
1 EL *Tomatenmark*
3 *Zwiebeln*
1 *Wurzelwerk*
     harter Käse, Salz, Hammelfett, Minzblätter
     Petersilie, Pfefferkörner

Das Fleisch wird mit den Zwiebeln, dem Wurzelwerk und einigen Pfefferkörnern gar gekocht. Danach werden die Knochen gelöst und das Fleisch in Scheiben geschnitten. Ein Ei wird mit dem Tomatenmark und Salz verquirlt. Die Fleischteile werden nun in Mehl, dem Ei mit Tomatenmark und zuletzt in geriebenen Semmeln, die mit etwas geriebenem Käse gemischt werden, gewendet und in heißem Hammelfett gebacken. Anschließend wird das Fleisch mit feingehackter Petersilie und Minzblättern bestreut.

Was der Bauer nicht kennt ...

»Was der Bauer nicht kennt, das frißt er nicht«, sagt ein altes deutsches Sprichwort, und beim seit 1990 explodierenden Angebot nie gesehener exotischer Früchte und Delikatessen fürchte ich fast, daß dieser Satz des Wahrheitsgehaltes nicht ganz entbehrt. Denn was kaufen die meisten an Südfrüchten? Apfelsinen und Bananen, Bananen und Apfelsinen ... Und im Fischspezialgeschäft (wo sich die erstaunlichsten Seeungeheuer mittlerweile im Eise räkeln), sofern man nicht in der Kaufhalle in die Tiefkühltruhe greift, sondern ein solches tatsächlich betritt: Fischstäbchen oder Rollmops.
Natürlich kann man es dem zutiefst binnenländischen Sachsen auch nicht verargen, daß er sich mit dem Salzwassergetier nicht so richtig auskennt und hin und wieder tatsächlich glaubt, im Wermsdorfer Horstsee oder den Lübschützer Teichen würden außer Karpfen auch Heringe gezüchtet. Aber als mir neulich eine etwa 60jährige Dame in einem Feinkostgeschäft angesichts eines Krabbensalates im vollen Ernst sagte: »Solche Engerlinge ham mir doch ieberhaubt noch nie gesähn!«, war mir doch sehr danach zu antworten: »Hatten wohl lebenslänglich Miesmuscheln off'n Oochen, meine Gudsde?« Bis Anfang der sechziger Jahre gab es, allerdings, wie es dem natürlichen Früchtereifegrad nun einmal entspricht, nur zur Weihnachtszeit, Apfelsinen und Ananas in jedem Obst-und-Gemüse-Konsum. Und in den Fischläden war in den Jahren 1 bis 5 der DDR »Auster« durchaus kein Fremdwort, und es türm-

Fischhandlung und Restaurant *Zum Karpfen*, ehem. Ranstädter Steinweg 6, Foto um 1890

ten sich später hier die Pyramiden von Kamtschatka-krebsdosen (400 Gramm à 4,50 unkonvertierbare Mark) und die ebenfalls extrem billigen eingebüchsten kubanischen Langustenschwänze auf. Das Frischfisch-angebot war zumindest befriedigend, und ein Kilo Kabeljau kostete 90 Pfennige: Es gab Leute, die ihren »Schein« wahren wollten und laut murmelten: »Für meine Katze!«. Und was die Krabben betrifft: Selbst in jenem düsteren Schnell-Imbiß *Am Naschmarkt* (Grimmaische Straße), der ob seines Gastgewerbeschildes in Form einer Uhr mit rotierendem Besteck die »Rasende Gabel« geheißen wurde, bekam man die rosigen Schmeckerchen fast hinterhergeworfen! Auch gestehe ich zerknirscht, anno dazumal im *Gastmahl des Meeres* (Pfaffendorfer Straße 1) des öfteren Wal-Gulasch gegessen und Schildkrötensuppe geschlürft zu haben. Es werden allerdings nicht tierschützerische, sondern ökonomische Bedenken gewesen sein, die die Absetzung solcher Gerichte von der Speisekarte bewirkten, denn, wie das Sprichwort sagt, was der Bauer nicht kennt ...

Ab Anfang der 70er Jahre setzte die große Ebbe ein, und das Meeresgetier zog sich folglich endgültig aus Gaststätten und Läden zurück. Aber das fiel nur wenigen auf, denn die normale Leipziger Gastronomie hatte, wenn überhaupt, sowieso nur zwei Fischgerichte zu offerieren: Marinierten Hering nach Hausfrauenart und Forelle nach Müllerinnenart. Der eingelegte Hering driftete für gewöhnlich in mehliger Mayonnaise zwischen laugen-geschälten Kartoffel-Steinen dahin: und so überließ man seine Zubereitung denn doch lieber Muttern oder Großmuttern, die sich der aufwendigen Prozedur vom Ausnehmen und Putzen bis hin zur selbst hergestellten gurkenversetzten Marinade unterzogen. Ein einziger Fisch – vom grüngrätigen Afrikaner namens Horn abgesehen, der zeitweise in Massen von der DDR-Fischfangflotte angelandet worden war, trotzdem (was der Bauer usw.) wenig gekauft wurde – blieb damals im Land und verhöhnte die Feinschmecker: Die Makrele. Von den etwa 80 durchnumerierten Gerichten auf der Speisekarte vom *Gastmahl des Meeres* hatten fürderhin mindestens 77 einen gehörigen Makrelen-Anteil. Selbst die unweit gezüchteten Wermsdorfer Karpfen oder Schleien schwammen dort nur noch selten obenauf – immerhin plätscherten sie nach dem großen Herbstabfischen pünktlich zu Sylvester in jedem Leipziger Fischladen-Bassin.

Aber zweimal im Jahr konnte jeder, der es sich leisten konnte, zu Messe-Preisen im *Ratskeller* (Neues Rathaus) Austern schlürfen oder im Restaurant des *Hotel Continental* (am Hauptbahnhof) gesottenen Lachs oder schwarzen Steinbutt speisen. Und wir haben auch in düstersten Zeiten diese Messen feierlich zelebriert. Wer Westgeld hatte, konnte sich auch im elenden Mangel-Dezennium Shrimps und den vielfach als fehlendes Wohlstandssymbol kabarettierten Aal im Intershop eintüten lassen. Und als die Oberen – damals taten sie dies noch zum Teil – etwas bemerkten, und zwar das Murren der kein Westgeld besitzenden Leute über die Läden, durch die sie nur mit neiderfülltem Staunen wandeln konnten, eröffneten sie für das übrige Volk die Delikat-Geschäfte mit den nicht-gestützten Preisen. Und dort gab es ihn, den Aal, der, vom Osten nach dem Westen verschoben, in wunderbunten Dosen heimgekehrt war.

Und so hoffe ich denn doch, daß wir in Leipzig 1989 nicht nur auf die Straße gegangen sind, weil wir glaubten, noch nie eine Krabbe gesehen zu haben.

AR

Kasslerkotlett mit Weißkohl

500 g	*Kasslerkotlett*
1	*kleiner Weißkohl*
1	*Zwiebel*
¼ l	*saure Sahne*
150 g	*harter Käse*
	Öl, Nelken, Salz, Pfeffer

Das Kasslerfleisch und der Kohl werden in Streifen geschnitten und solange in heißem Öl gewendet, bis der Kohl weich ist. Die Zwiebeln werden kleingeschnitten und zusammen mit der Sahne, einigen Nelken, Pfeffer und Salz dem Fleisch hinzugefügt. Wenn das Fleisch weich ist, wird der grob geriebene Käse untergerührt.

Leipziger Sünden-Saga

Als deutschland-vereinigt das Geschäft auf dem Auto-Strich in der Nordstraße zu boomen begann, verbrannte man sich fast die Finger am heißgelaufenen Telefon in der Redaktion des »Leipziger Sonntags-Kuriers«. Die Zeitung – so die Meinung der sittlich empörten Anwohner der sündigen Meile – solle endlich dem unmoralischen Treiben ein Ende setzen und speziell dafür Sorge tragen, daß die fahrbaren Bordelle vom Parkplatz Ecke Keilstraße weggekarrt würden.

Sicher, derartige Gefährte gab es vor der Wende nicht – aber die nachwendliche Anwohnerentrüstung wirkte in puncto Prostitution doch ein wenig unglaubwürdig, denn alle sozialistischen Jahrzehnte hindurch galt die Nordstraße als das, was man sich in Hamburg unter der Herbertstraße vorstellte. Dort war der Strich – das wußte jeder.

Vor dem Krieg befand er sich im zentral gelegenen – nomen est omen – Goldhahngäßchen zwischen Nikolai- und Reichsstraße sowie in der Gerberstraße. Als danach weder die Gasse noch die schäbigen Puffs in der Gerberstraße existierten, etablierte sich der Straßenstrich auf der Nordstraße, die verkehrsgünstig im doppelten Wortsinne einerseits in Innenstadt- und Bahnhofsnähe liegt, andererseits geradlinig von der Autobahn aus zu erreichen ist. Also die Schneise, durch die westliche Geschäftsleute per Auto in die Stadt eintrudelten beziehungsweise die Leipziger Funktionäre zu ihren Ostberliner Brotherren spurteten. Außerdem stand im

Tanzbar *Barberina*, ehem. Windmühlenstraße 14/16

BARBERINA **Ganz groß mit 2 Kapellen** Walter Römer Albert Raschdorf
Windmühlenstraße 14/16 Internationa¹es Kabarett-Programm
mit Emilio Lepore, dem ital. Meister-Tenor, Andrea Schoter, Christian Faus, die 4weißen Teufel, Tscherkessen-Tänze. Jeden Montag, Dienstag, Mittwoch und Sonnabend bis 3 Uhr nachts

Anzeige der *Barberina*, genannt Mascotte, 1942

Sommer an der Autobahn-Auffahrt das Korn so hoch, und notfalls konnten die Mädchen auch per Linie 16 wieder stadteinwärts gondeln.

Prostitution war in der DDR gemäß Paragraph 249 des Strafgesetzbuches zwar ein Delikt, konnte aber eigentlich einer Frau nur unterstellt werden, wenn sie (was in dem dahingegangenen Staat ebenfalls als Straftat geahndet wurde!) keiner geregelten Arbeit nachging. Die meisten der Mädchen schafften aber gerade deshalb an, weil sie keinen festen Job hatten oder keinen (der häufig zugewiesenen) wollten und somit auf stetiger Flucht vor der Polizei ihre eigenen Wohnungen tunlichst mieden, um dort nicht »aufgegriffen« zu werden.

Und die ortsansässige Kundschaft – vorwiegend Mittagspausen-Freier wie Handwerker, Bauarbeiter, Büromenschen, Taxifahrer – konnten von wegen Ehefrau die Nüttchen ja nicht ins Büdchen mitschleppen oder nach Feierabend ihren außerehelichen Gelüsten frönen. So saß denn die kunterbunt angestrichene Hühnerschar täglich zwischen 12 und 15 Uhr in der *Kaffeestube* (Ecke Gerberstraße/Erich-Weinert-Platz) oder im *Deutschen Hof* (Georg-Schumann-Straße 2) und harrte der Hähne. Wenn es arg pressierte, schaffte der Kellner auch mal anstandslos das Essen wieder in die Küche zurück und ließ es bis zur Wiederkehr der Gewerbetreibenden warmhalten. Schließlich wußte er, daß das flüchtige Geschäft im Grünen dem jungen Mädchen oder der schon etwas reiferen Dame gerade mal »ein Pfund«, also zwanzig Mark, einbrachte. Und wer konnte besser als er die Selbstkosten der oft stundenlang auf Kundschaft wartenden Mädchen einschätzen? Außerdem stieg der Umsatz, wenn ein paar Prostituierte im Lokal herumlümmelten, denn die neugierigen Gaffer aus den umliegenden Kaffs wurden selbstverständlich zu einer Bestellung genötigt. »Ist hier 'ne Wärmestube, oder was?« wurde jeder angeraunzt, der versonnen allzu lange vor seinem ersten Bier das wenig spektakuläre Treiben beobachtete.

Der biedere Wandersmann wird wohl oft enttäuscht von dannen geschritten sein, hatte er doch nichts anderes wahrgenommen, als daß ein paar Ehemänner mit ihren Frauen Kaffee tranken und dann mit ihnen die Gaststube verließen ... Das Verruchte, das er suchte, fand er im Nordstraßen-Milieu nicht. Dort gab man sich eher augenzwinkernd familiär.

Zur Messe aber waren die Leipziger Freier, zu denen auch prominente Stammkunden aus der SED-Bezirksleitung gehörten, ziemlich weg von der Brüstung: Die

97

magische Anziehungskraft des Intershop obsiegte über die Gier nach dem anständigen Fleischpaket, das ein ortsansässiger Metzger für gewöhnlich als Honorar auf den Sprelacard-Tisch der Kaffeestube packte.

Zwischen den Messen unterschied sich freilich das kleine Straßen-Hürlein (es ist hier nicht die Rede von den noch in anderen Diensten stehenden geschäftstüchtigen Interhotel-Nutten!) recht wesentlich von seiner westlichen Kollegin, denn es ging zumeist erst dann »ackern«, wenn es absolut pleite war. Und wenn ihm lediglich das Geld für die Zigaretten fehlte, ging es selbstbewußt selbstbedienerisch in die Kaufhalle Nordstraße, statt auf den Strich.

Auch plauderten die Mädchen, wenn sie die Sache hinter sich gebracht hatten, oft noch stundenlang geistreich, aber bar jedes marktwirtschaftlichen Denkens mit den Tätern, und gaben denen sogar ab und zu einen aus. Dies konnten sie sich freilich nur leisten, weil sie sich keine Zuhälter »leisteten«: Sie waren tatsächlich emanzipiert und empfanden sich keineswegs als »gedemütigte Lustobjekte«. So flatterten sie auch nicht wie aufgescheuchte Wachteln aufreizend durch die Nordstraße, ängstlich bemüht, den Schnabelhieben der anderen auszuweichen, sondern latschten traulich quatschend gemeinsam die Meile ab. Wenn eine von ihnen von einem Autofahrer »eingepackt« wurde, trollten sich die anderen erst einmal wieder in die enge *Kaffeestube*. Die »Abgeschleppte« würde das Geld für die Getränke ja sowieso in einer Stunde vorbeibringen.

Nach »Feierabend« schwärmte die Schar meist in das *Café Centra* (Petersstraße), das in zwei Ebenen eingeteilt war: In Höhe des Bürgersteiges saß selbige und nudelten sich mit Gebäck und Torte. Unter ihnen befanden sich auch einige jener Rentner, denen man es trotz ihrer schäbigen Kleidung ansah, daß sie einst bessere Tage gesehen hatten: Eine der Versetzung im Pfandhaus entgangene Krawattennadel, eine verlegen kleine goldene Brosche deuteten auf die Herkunft ihrer hilflos gewordenen Besitzer hin. Den nach Trinkgeld schielenden Serviererinnen war es ein Greuel, für den Dienst in diesem vorderen Teil eingeteilt zu werden. Aber der Dienst auf der Rampe lohnte sich! Dort hockten sie, die Großzügigen und die Großkotzigen, ein Konglomerat aus Prostituierten a. D., Strichjungs und alten Schwulen, Knastbrüdern aller Couleur, Spitzeln in Zivil, Zockern und verirrten Ortsfremden. Und außer bei letzteren floß der Sekt in Strömen. Dort kam es gelegentlich vor, daß eins der Mädchen von der Nordstraße einen gerade aus der Haft entlassenen armen Schlucker so sympathisch fand, daß sie zu seinen finanziellen Gunsten mal »schnell 'ne Extra-Tour« machte. Und so begab sie sich nochmals in die Spur und konnte sich bei ihren Bemühungen sicher sein, daß die Anrainer sie wie jeden Tag mit erheiterter Anteilnahme beobachten würden.

Der plötzliche moralische Aufruhr einiger Bewohner des Nordstraßenviertels könnte natürlich damit erklärt werden, daß sie das unzüchtige Treiben vor ihren Haustüren früher stillschweigend hinnahmen, weil es offensichtlich von Amts wegen geduldet wurde. Freilich saßen, bevor die Wohnmobile auftauchten, auch immer ein paar Leute aus der Gegend in der nächsten Kneipe, die gerade mal für zwei Stunden ihren Wohnungsschlüssel verborgt hatten ... Wollen wir hoffen, ihr jäher Zorn auf den rollenden Verkehr resultierte aus einer wundersamen sittlichen Reifung.

Jetzt stehen die trostlosen Lustlauben neben den Gasometern des Dimitroff-Kraftwerkes herum, die Luden behandeln »ihre« Mädchen und die Freier krimi-würdig.

Und die verängstigte ehemalige Kundschaft räkelt sich, selbstmitleiderisch früherer Zeiten gedenkend, auf den häuslichen Ottomanen und blättert verdrossen in öden Pornoheften.

AR

Pilzsuppe

250 g   frische Pilze
1 l   Fleischbrühe
40 g   Fett
40 g   Mehl
1   Zwiebel
*   Petersilie, Salz, Pfeffer*

Die Pilze werden sorgfältig geputzt, mit kochendem Salzwasser angesetzt und etwa 15 Minuten auf kleinem Feuer gekocht. Danach werden sie in einen Durchschlag gegeben und gewiegt. Aus Fett, Mehl und der feingeschnittenen Zwiebel wird eine Mehlschwitze zubereitet. Diese wird mit Wasser glattgerührt und anschließend mit 1 Liter heißer Brühe übergossen und etwa 10 Minuten unter ständigem Rühren gekocht. Anschließend werden die Pilze hinzugegeben. Alles wird nochmals 10 Minuten gekocht, mit Salz und Pfeffer abgeschmeckt und mit Petersilie bestreut.

Braumeistersteak

4	Schweinesteaks
80 g	harter Käse
80 g	gekochter Schinken
2	Eier
250 g	Möhren
100 g	Butter
100 g	Öl
50 g	geriebene Semmeln
	Salz, Pfeffer

In die Schweinesteaks werden Taschen eingeschnitten. Diese werden mit in Würfel geschnittenem Käse und dem Schinken gefüllt. Danach wird das Fleisch gesalzen und gepfeffert, in Ei und Mehl gewendet und von beiden Seiten gebraten.

Dazu werden die kleingeschnittenen, gesalzenen und in heißer Butter geschwenkten Möhren serviert.

Gebratene Kalbszungen

4	Kalbszungen
60 g	geriebene Semmeln
50 g	Butter
1	Ei
2 g	Mehl
	Salz, Pfeffer

Die Zungen werden zunächst in Salzwasser weichgekocht, dann abgezogen und längs in zwei oder drei Stücke geteilt. Die Teile werden anschließend gesalzen, gepfeffert, dann in Ei und geriebenen Semmeln gewendet und gebraten. Der Bratensatz wird mit Wasser, eventuell mit Fleischextrakt, aufgegossen. Die Zungenbrühe wird zugegeben, mit Mehl gebunden und nochmals aufgekocht.

Sauerbraten

1 kg	Rindfleisch
1 l	Wasser
1 l	Bier
¼ l	saure Sahne
1	Zwiebel
1	Schwarzbrotscheibe
5	Nelken
2	Lorbeerblätter
	Zitronenscheiben, Speck, Salz, ganzer Pfeffer

Das Fleisch wird etwa drei Tage in Wasser und Bier eingelegt. Danach wird es mit Speck gespickt und etwa 1 Stunde bei geringer Hitze gedämpft. Anschließend werden der Braten nach und nach mit saurer Sahne übergossen und alle übrigen Zutaten beigegeben. Das Fleisch wird auf kleinem Feuer und bei geschlossenem Deckel weichgekocht.

Karpfen in Bier

1	mittelgroßer Karpfen
½ l	Pilsner Bier
1	Zwiebel
50 g	Butter
30 g	Mehl
	Nelken, Lorbeerblatt, Salz, Pfefferkörner

Der Karpfen wird ausgenommen, gewaschen und in etwa vier Teile zerlegt. Die Fischteile werden gesalzen, in eine Kasserolle gelegt und mit Bier übergossen. Die Butter wird mit Mehl vermischt und, ebenso wie alle anderen Zutaten, zu dem Fisch gegeben, der anschließend etwa 20 Minuten gart.

Entenbraten mit Äpfel

1	Ente
380 g	Äpfel
1 Str.	Beifuß
1 EL	Mehl
1 EL	Salz
1 l	Wasser

Die Ente wird innen und außen mit Salz eingerieben und mit den grob geschnittenen Äpfeln und dem vorher gebrühten Beifuß gefüllt. Danach wird die Ente zugenäht, die Keulen zusammengebunden, in die Pfanne gelegt und mit etwa ½ Liter Wasser übergossen. Bei mittlerer Hitze wird die Ente in der Backröhre unter öfterem Begießen und Zugießen des restlichen Wassers etwa 1½ bis 2 Stunden gebraten. Nach etwa der Hälfte der Bratzeit wird Fett abgeschöpft und die Hitze erhöht.

Gebratener Truthahn

1	Truthahn
250 g	Speck
¼ l	ungesüßte Sahne
20 EL	geriebene Semmel
3	Eier
70 g	Butter
15 g	Zucker
	Rosinen, Salz, kleingehackte süße Mandeln
	Zitronenschale

Der Truthahn wird gesalzen und mit Speck an Brust und Keulen gespickt. Für die Füllung werden alle übrigen Zutaten gut vermischt. Anschließend wird der Truthahn gefüllt, zusammengesteckt und unter öfterem Begießen etwa 2 bis 3 Stunden gebraten.

Schweinsnacken

500 g	Schweinekamm
¼ l	Brühe
400 g	Zwiebeln
700 g	Äpfel
40 g	Mehl
	Wurzelwerk, Petersilie, Salz, Pfeffer

Das Fleisch wird gesalzen, gepfeffert und in Öl kurz gebraten. Das Wurzelwerk wird zusammen mit dem Fleisch gebräunt, dazu wird die mit Mehl gebundene Brühe gegeben.

Zerkleinerte Zwiebeln, Äpfel, Salz und Pfeffer werden in Öl angeschwitzt. Anschließend wird das Fleisch in Scheiben geschnitten, mit der Soße übergossen und mit den Zwiebeln und Äpfeln überzogen. Mit Petersilie überstreuen.

NACHMITTAGS

Fisch-, Korn- oder Fleischmarkt?
Nein – Naschmarkt!

»Nimm die Finger weg, genascht wird hier nicht!« – Wer hätte dies als Kind nicht öfters einmal gehört? Das verstohlene und mehr oder weniger unerlaubte Genießen von etwas Eßbarem (außerhalb des offiziellen Mahlzeitensystems oder ritualisierter Tischsitten) – denn nichts anderes bedeutet das uralte Wort »naschen« – ist Ursache der Namensgebung für einen Leipziger Markt, der sich als freier Platz Ende des 16. Jahrhunderts herausgebildet hatte.

Nach dem Rathausbau 1556/57 des Herrn Lotter »ist der Burgkkeller sambt den Thurm daran / die Trinck-Stube / die beyden Garküchen / die Brodt-Bänke / das Schuh- und Peltz-Hauß gebauet und dazu am 23. July [1572] der Anfang gemachet worden«. An irgendeiner Stelle, wo sich bis heute der Handelshof am Naschmarkt hinzieht und sich bis vor kurzem das Restaurant *Burgkeller* befand, wurden schon um 1600 in »geraumer« (geräumiger) Stube »das gantze Jahr hindurch sowohl Frembde als Einheimische ums Geld nach Belieben gespeiset«. Der *Burgkkeller*-Komplex mit den zwei Stadtküchen, Brotverkaufsständen und Gaststuben entwickelt sich im 17. Jahrhundert zum »Freßzentrum« der Stadt, das vor allem von Fremden frequentiert wird. Und irgendein Extra, also Brezeln, Krapfen, Makronen, kandierte Früchte, Lebkuchen und dergleichen »Naschwerk«, konnte man auf dem Platz vor allem zur Messezeit von fliegenden Händlern kaufen.

106

Es dauert ziemlich lange, bis der »Naschmarkt« auch offiziell so heißt, obwohl ihn die Bürgerschaft offensichtlich schon lange so nennt. 1712 lesen wir auf einem Stadtplan »Börsen oder Asch Marckt« – vielleicht ein Versuch, dem Platz einen würdigeren Namen zu verleihen (Asch = Topf bzw. Schachtel, Dose) – ab Mitte des 18. Jahrhunderts bleibt es dann endgültig dabei, daß die Messestadt einen »Naschmarkt« hat.

UH

Borsdorfer Quarktorte

	Hefeteig
500 g	*Quark*
500 g	*Äpfel*
50 g	*Margarine*
175 g	*Zucker*
2	*Eier*
2 EL	*Grieß*
3 EL	*Rum*
1	*Vanillezucker*

Der gesamte Hefeteig wird in eine gut gefettete Springform ausgelegt, wobei ein hoher Rand ausgedrückt wird. Margarine, Zucker, Eier und Vanillezucker werden schaumig geschlagen und anschließend mit den geraspelten Äpfeln, Quark, Grieß und Rum vermischt. Danach wird die Masse auf den Teig verteilt, mit Butter bestrichen, gezuckert und bei mittlerer Hitze etwa 50 Minuten gebacken.

»Sächsisch Confect« im 30jährigen Krieg

Vorerst täglich 80 000 Pfund Brot verlangt der kaiserliche General Johann Tserclaes Graf Tilly von den Leipzigern, als er Ende August 1631 mit seinen Truppen vor der Stadt erscheint. Fällt diese Naturalleistung den noch in der Stadt verbliebenen Bürgern – viele hatten die Stadt fluchtartig verlassen – schon schwer, so ist dies erst der Anfang der Belagerungsmühsal mit ihren unvermeidlichen Kontributionsforderungen, die im Laufe der Auseinandersetzungen zwischen den verschiedenen katholischen und evangelischen Söldnerheeren der Stadt noch angetragen werden. Ist es üblicherweise Brot, Fleisch, Bier und Pferdefutter, was auf den Forderungslisten steht, so begehrt der Feldherr Graf Tilly für sich und seine Mannen am Abend vor der großen Schlacht (Breitenfeld) einen »Küchen- und Tafelzettel«, der den Leipzigern aufgrund der Menge, vor allem aber wegen der »süßen Zusammensetzung« die Sprache verschlägt. Geliefert sollen werden: »30 Fuder Wein. 80 Truckene Schincken. 24 Tonnen gute Butter. 80 Seiten Speck. 60 Maß Weinessig. 12 Tonnen Lampreten. 12 tonnen frische Heringe. 600 pf. frische Fische. 100 Holländische Käß. 24 Fäßlein Neunaugen. 24 Fäßlein Sarteln. 60 pfund Zucker. 24 pfundt Negelin. 15 pfund Zimmet. 40 pfund Blüt. 20 pfund Muscatennüß. 12 pfund Saffran. Confect. 80 pf. vberzogen Anieß. 80 pf. vberzogen Coriander. 80 pf. vberz. Mandeln.

108

Satirischer Kupferstich auf die Schlacht bei Breitenfeld, 1631

80 pf. vberz. Zimmet. 80 pf. vberz. Negelin. 80 pf. Bisem Zuckerbrodt. 80 pf. Candirt. Confect. 80 pf. Datteln. 80 pf. Zwiwetnüssel. 200 pf. Ambrosin Mandeln. 200 pf. Grosse Rosinen. 60 pf. Mandeln in Schalen. 70 pf. Eingemachte Lugnaten. 80 pf. Brunellen. 80 pf. Grosse Marcipan. 200 pf. Capern. 200 pf. Olwen. 24 pf. truckne Pflaumen. 20 Wispel Haber.«
Als des »Tilly Confect Panquet gehalten bey Leipzigk den 7. September Anno 1631« geht der Abend vor der großen Schlacht in die zeitgenössische Satire ein, weil Tilly am nächsten Tag die Schlacht gegen die Truppen Gustav Adolfs von Schweden (die Kursachsen hatten sich zum großen Teil in die Büsche geschlagen!) verliert. In Flugschriften und Kupferstichen wird Spott und Hohn auf das Süßmaul Graf Tilly und seine »ConfectNäscher vor Leipzig« nach der Niederlage ausgeschüttet. Noch zwei Jahre später feiert ein Leipziger Dichter

(Hugo Moerlin) nebst seinem Verleger Henning Köler unter dem Titel »Newgedeckte Confect Taffel« den Sieg der Kursachsen und Schweden über die Kaiserlichen auf dem Breitenfeld 1631 als Folge der dem Feind überbrachten Nahrungsmittel:

»... Hier sitzen ihrer viel und klagen ubern Rücken.
Dort wandern etliche mit unterstützten Krücken /
Ein jeder zeigt sein Leid, das ihm zuviel geschehn /
Und wünscht, er hette nie das Breitenfeldt gesehn ...
Die Schincken, Heringe, Lax, Kese, Fische, Speck /
Habt ihr zusehr versucht, und gebt sie roh hinweg ...
Die Pflaumen, trucken gnug, die würgenden Oliwen /
Habt ihr, wie starck sie sein, an euch wol können prüfen /
Voraus verfungt ihr euch an unsern Marcipan /
Ob er verderbete so manchen frischen Zahn ...
Nun laufft ihr Brüder heim, und nehmet so verwillen:
Habt ihr noch andre mehr, so ihren Hunger stillen
Auch wollen hier, wie ihr, hier ist Confect /
Doch saget ihnen auch, wie gut es euch geschmeckt.«

Zitronenspeise

6	*Eier*
50 g	*Zucker*
1	*Zitrone*
	Butter

Die Zitrone wird in Wasser weichgekocht und anschließend fein gerieben. Alle Eigelb und Zucker werden gut verquirlt und mit der Zitrone vermischt. Das Eiweiß wird zu Schaum geschlagen und unter die Masse gegeben, die etwa 1 Stunde gebacken wird.

Gibt es eine sächsische »Kaffeekantatenliteratur«?

Wenn von »Kaffeekantate« die Rede ist, weiß jeder – ganz besonders natürlich in Leipzig –, daß Johann Sebastian Bach um das Jahr 1735 nach einem Text des sächsischen Oberpostsekretärs und Gelegenheitsdichters Christian Friedrich Henrici (= Picander) eine solche komponierte, die wahrscheinlich zuerst im *Zimmermannschen Kaffeehaus* (Katharinenstraße, Gedenktafel) aufgeführt wurde. Wenige Musikwissenschaftler wußten zumindest seit 1966, daß es – abgesehen von französischen, italienischen und anderen deutschen Beispielen – noch eine »andere« Komposition nach dem Picanderschen Text gibt, die »als Veilchen am Rande der Bach-Literatur« 1966 von Hans Joachim Moser publiziert wurde (Originalhandschrift in Berlin). Der Herausgeber hält als Urheber dieses vom Kopisten C.F. Penzel 1753 abgeschriebenen »Werkchens« neben einem der Bachschen Söhne oder Vettern alle möglichen Leipziger Komponisten für denkbar: »Doles, Telemann, vielleicht aber auch Graupner, Joh. Friedr. Fasch, Ludwig Krebs, Hurlebusch, Stölzel ...«

Da es noch mindestens zwei weitere Kaffeekantaten nach dem gleichen Libretto gibt (eine in der Musikbibliothek Leipzig, eine andere in Dresden aus dem ehemaligen Besitz der Fürstenschule zu Grimma), liegt die Annahme nahe, daß wir es im 18. Jahrhundert mit einer regelrechten »Kaffeekantatenliteratur«, ausgehend

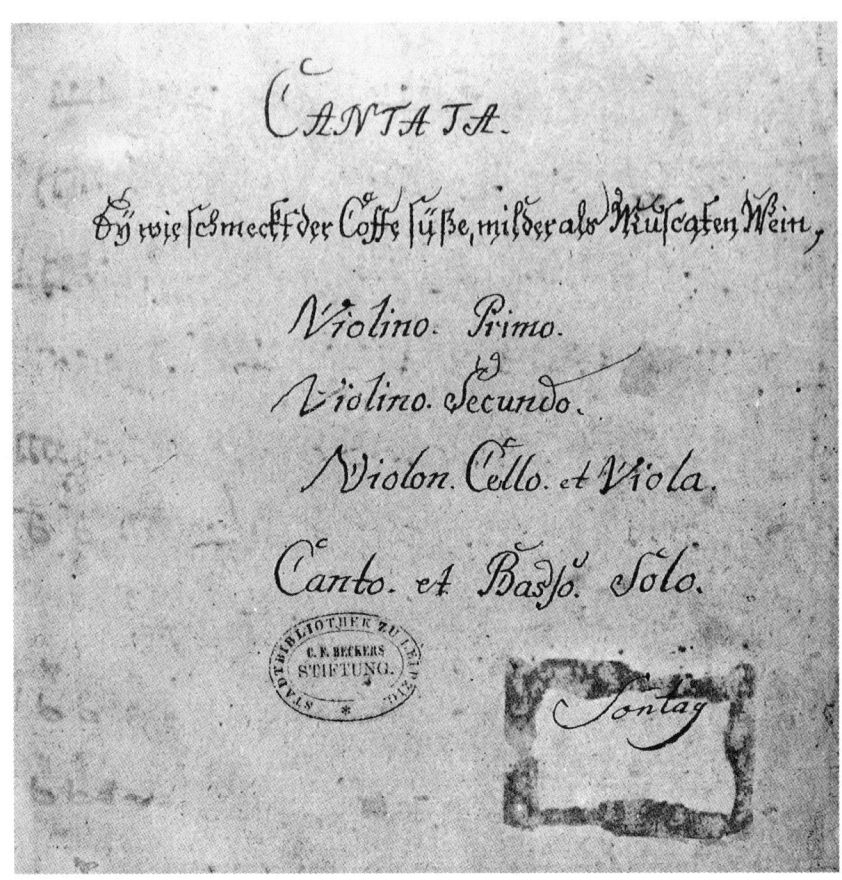

Titelblatt der anonymen Leipziger Kaffeekantate, um 1740

vom Raum Leipzig, zu tun haben. Schon 1985 hatte sich Hans-Joachim Schulze (Direktor des Bacharchivs, Thomaskirchhof) in seiner amüsanten und kenntnisreichen Untersuchung der Bachschen Kaffeekantate zu der Vermutung hinreißen lassen, daß der große Meister Johann Sebastian Bach »seine Kaffeekantate« möglicherweise nur deshalb komponierte, »weil er sich über eine oberflächliche Behandlung dieses Textes in seiner Umgebung geärgert hatte und zeigen wollte, daß sich mehr daraus machen ließe«. Vielleicht hat sich – um die

Sache noch weiter auszuspinnen – auch der Autor Picander 1732 hinreißen lassen, einen eigenen Kaffee-Text zu dichten, weil schon mehrere andere Dichter (unter anderem Louis Fuzelier, 1703; Johann Gottfried Krause, 1716; Daniel Stoppe, 1728; Daniel Wilhelm Triller, 1730) sich an diesem hochaktuellen Thema vergriffen hatten.

Von den genannten drei Kompositionen nach Picanders Text, die bisher aufgefunden wurden, kennt man zwar den Librettisten, aber nicht den jeweiligen Komponisten, denn auf den Handschriften ist keiner genannt. Zwar lesen wir überdeutlich auf dem Titelblatt des Leipziger Exemplars das Wort »Sontag«, aber ob sich dahinter ein Komponist, ein Notenschreiber oder gar – was allerdings am wenigsten wahrscheinlich ist – der Aufführungstag verbirgt, kann nur ein Musikwissenschaftler klären, der sich an diesem Kapitel sächsischer Kulturgeschichte einmal ernsthaft versuchen sollte. Wolfram Steude, Leiter des Heinrich-Schütz-Archivs in Dresden, äußert sich zu der Leipziger Handschrift, die in Salzburg und Bremen 1992 ihre »Wiederuraufführung« erlebte: »Es ist heitere, galante Musik ohne ganz hohen Kunstanspruch, aber von einem versierten Musiker komponiert. Man könnte zum Beispiel an den sich Sperontes nennenden Johann Sigismund Scholze als möglichen Komponisten denken, der sich durch seine galante Liedersammlung ›Singende Muße an der Pleiße‹ 1736 bekanntgemacht hatte. Die heitere Galanterie der Kantate vermittelt uns einen Eindruck von der Eleganz und Leichtigkeit der Leipziger Atmosphäre des mittleren 18. Jahrhunderts, in der ein solches Exempel aus der ›bürgerlichen Welt‹ Anlaß zu süffisantem Schmunzeln bot.«

Zum Schmunzeln Anlaß bietet auch folgende Tatsache:

Leipziger Student beim modischen Kaffeefrühstück, Kupferstich 1732

Wer Bachs Originalpartitur, eine der Faksimileausgaben oder einen ganz normalen Notendruck zur Hand nimmt, wundert sich vielleicht weniger über die leicht abweichende oder modernisierte Schreibweise, sondern vielmehr darüber, daß der »Bachsche« Kantatentext ein ganzes Stück länger ist als der 1732 veröffentlichte Text des Herrn Picander, den die Zeitgenossen übrigens ob seiner unglaublich produktiven Vielschreiberei »Schmierander« nennen. Nicht auszuschließen ist, wie Hans-Joachim Schulze augenzwinkernd vermutet, daß der geplagte Familienvater Johann Sebastian Bach selbst zur Feder griff und die folgenden »lebenserfahrenen« Schlußverse hinzufügte:

»Nun geht und sucht der alte Schlendrian,
wie er vor seine Tochter Liesgen
bald einen Mann verschaffen kann;
doch Liesgen streuet heimlich aus:
Kein Freier komm' mir in das Haus,
er hab es mir denn selbst versprochen
und rück es auch der Ehestiftung ein,
daß mir erlaubet möge sein,
den Coffee, wenn ich will, zu kochen.

Die Katze läßt das Mausen nicht,
die Jungfern bleiben Coffeeschwestern.
Die Mutter liebt den Coffeebrauch,
die Großmama trank solchen auch,
wer will nun auf die Töchter lästern!«

UH

115

Der »literarisch-musikalischste Salon« im galanten Sachsen

Kaffee, Tee und Schokolade nebst diversem Naschwerk steht bei Marianne von Ziegler, geb. Romanus, um 1730 im Romanushaus (Katharinenstraße 23) auf den Tischen, wenn sie »Empfangstag« hält. Nach zwei unglücklichen Ehen 1722 wieder in Leipzig, schickt sie sich an, einen literarisch-musikalischen Salon im Hause ihres (auf dem Königstein einsitzenden Vaters) zu eröffnen. Frau Ziegler dichtet, spielt selbst Klavier, Laute und – damals unerhört und selten – beherrscht die Kunste des Querflötenspiels. Kein Wunder, daß es ihr zunehmend gelingt, die literarischen und musikalischen Geister der Stadt an sich zu binden. Eng befreundet sie sich mit Gottsched, der seit 1723 in Leipzig wohnt und seiner Dichterkollegin mindestens ein Jahrzehnt die Treue hält. Daß sie Johann Sebastian Bach, ebenfalls seit 1723 in Leipzig, gut gekannt hat, steht wohl außer Frage – immerhin vertonte der Meister neun Kantatentexte aus ihrer Feder (BWV 68, 74, 87, 103, 108, 128, 175, 176, 183), und es ist abwegig, daß beide nur über den Stadtboten miteinander verkehrt hätten. Dies trifft ebenso auf den Kapellmeister Hurlebusch, den Tonsetzer Giovanninni und den Bachsohn Philipp Emanuel zu, die sich allesamt nicht zu schade waren, Texte von Marianne Ziegler zu vertonen.
Die Kontakte zwischen Gottsched und der Zieglerin sind jedoch genauer bekannt. Der Literaturprofessor

(wie erwähnt auch Stammgast im *Kaffeebaum*) ist von der gebildeten und gescheiten Frau so überzeugt, daß er mit hoher Wahrscheinlichkeit bereits in den ersten Nummern seiner frühaufklärerischen Zeitung »Die vernünftigen Tadlerinnen« emanzipatorisches Gedankengut von ihr einarbeitet und sogar Textbeiträge von ihr abdrucken läßt. Nicht auszuschließen ist, daß die im »Salon« durchgenommenen Themen sich wenige Tage später in den Leipziger Zeitungen, vor allem natürlich in den Gottschedschen, niederschlagen. Zu denken ist beispielsweise an die herbe Kritik, die der Sprachprofessor am damals üblichen Juristenjargon übt: »Eine Gesellschaft von verschiedenen Rechtsgelehrten, war vor einiger Zeit gantz vergnügt beysammen, und ich hatte die Ehre mit darunter begriffen zu seyn. Es war keine Ursache vorhanden, warum wir nicht alle von unserem Handwercke hätten sprechen sollen ... Endlich geriet man auch auf die Schreibart der Rechtsgelehrten. Die meisten in der Versammlung waren geschickte Advocaten; ja, wir hatten auch einen Canzelley-Bedienten und etliche Notarien unter uns ...«, schreibt Gottsched in einem seiner Artikel. Diese »Versammlung« könnte sehr gut bei Marianne Ziegler stattgefunden haben, denn einige der ständigen Teilnehmer am Salon wohnen zur Miete mit im Haus und pflegen engen Kontakt zur Familie Romanus, deren männliche Mitglieder fast ausschließlich aus Juristen bestehen.

Gottsched dürfte anregend darauf gewirkt haben, daß Marianne Ziegler 1728 und 1729 ihre seit Jahren entstandenen Verse veröffentlicht. Er ist es wohl auch, der 1733 dafür sorgt, daß die Wittenberger Universität Frau Ziegler zur »kaiserlichen Poetin« kürt. Das kaiserliche Diplom wird ihr im Romanushaus vom gerade amtierenden Dekan der Leipziger Universität, Johann Gottlieb Krause (selbst Verfasser zahlreicher poetischer Ergüsse, u. a. eines bemerkenswerten Lobliedes auf den Kaffee), überbracht: »Dieser setzte ihr auch in ihrer Wohnung im Beyseyn vieler angesehener und gelehrter Männer eigenhändig den Epheukranz auf.« Anläßlich des unerhörten Ereignisses – eine Frau unter den diplomierten »Staatsdichtern«! – wird in Leipzig eine Gedenkmünze geprägt, auf der wir noch heute Marianne mit dem Efeu im Haar bewundern können.

Es ist anzunehmen, daß die meisten Mitglieder der von Gottsched ins Leben gerufenen Deutschen Gesellschaft (ab 1727 aktiv) im Zieglerschen Salon verkehren, dessen Lokalität gewiß das große Eckzimmer im ersten Stock ist, zu dem die repräsentative Haupttreppe führt. Genannt seien beispielsweise Professor Burkhard Mencke, der als kurfürstlicher Historiograph sein Geld verdient und eine der bedeutendsten Privatbibliotheken Leipzigs besitzt, und Wolf Balthasar von Stimwehr, Begründer der »Göttingischen Gelehrten Anzeigen«.

»Da ihr Haus einen Mittelpunkt des geistigen Lebens in der höheren Gesellschaft Leipzigs bildet, so kamen allerhand Literaten und dilettirende Musensöhne über ihre Schwelle, die sich ihrer Gunst versichern und ihren Namen als Empfehlung benutzen wollten. Man vertraute ihr sogar Herzensangelegenheiten an und jedenfalls sehr schlechte Verse.« Ihre eigenen Verse sind zumindest nicht so schlecht gewesen, wie manch kritischer Neider behauptet. Zumindest besitzt Marianne Ziegler ein glänzendes Urteilsvermögen, was die damals moderne Musik betrifft. Im Jahr 1729 nennt sie in einem ihrer Gedichte drei Namen von Komponisten, die ihrer Meinung nach die besten sind: Telemann, Bach und Händel. Die Musikgeschichte hat ihr mittler-

Anna Maria Werner, Kaffeegesellschaft, Kupferstich, 1744

weise recht gegeben, auch wenn es zwischendurch nicht so aussah!

Der literarisch-musikalische Salon Marianne Zieglers scheint um 1735 eingegangen zu sein, als nämlich Frau Gottsched, auch Dichterin, nach Leipzig kommt und diverse Mißhelligkeiten in der Damenwelt ausbrechen, die sich auf dem Haupt der alleinstehenden Dichterin entladen. Die Herren der Deutschen Gesellschaft kommen häufig auch mit ihren jeweiligen Damen in den Salon, und neben den ernsthaften literarischen oder musikalischen Unterhaltungen wird hier natürlich auch gespielt und rege kaffee-geklatscht. Mit den unausbleiblichen Folgen, damals wie heute. Es kommt zu Zerwürfnissen und bösen Anschuldigungen. Als der selbstbewußten Hausherrin der Vorwurf gemacht wird, sich »kupplerisch« zu betätigen, scheinen sich einige der Herren mit ihren Damen, vor allem Gottsched und Mencke, aus Reputationsgründen zurückzuziehen, womit der Salon aufhört zu existieren.

Wie es im Romanushaus zuging, kann man sich anhand des abgebildeten Kupferstiches in etwa vorstellen. Obwohl dieser Stich als Buchillustration in anderem Zusammenhang im Jahr 1744 in Leipzig veröffentlicht wird (Marianne Ziegler hat Leipzig bereits 1741 verlassen), ist nicht auszuschließen, daß die hintergründige Szene mit den sich schamlos balgenden Hündchen im Vordergrund Bezug nimmt auf den dahingegangenen Zieglerschen Salon. Wieso? Die Autorin des Buches, in diesem Fall die Übersetzerin von Popes »Lockenraub«, heißt immerhin Gottsched, mit der, wie erwähnt, nicht gut Kirschen essen ist, wenn von der diplomierten Dichterkonkurrentin Ziegler die Rede ist. Vorgezeichnet werden die Illustrationen auch von einer Frau, nämlich von der begabten Künstlerin Anna Maria Werner aus

Dresden, die mit der Gottschedin aufs engste befreundet ist. Was die beiden sich wohl vom Leipziger Salonleben unter Vorsitz der Zieglerin alles erzählt haben mögen? Der deutliche Hinweis mit den sich balgenden Hündchen – eine ikonographische Konstante, wenn es um schamlosen Lebenswandel oder sonstiges unsittliches Betragen geht – könnte ihrer beider Ergebnis sein.

UH

Kuchenbretter,
die die Welt bedeuten ...

Aus dem »Leipziger Backofen« duften über die Jahrhunderte die unterschiedlichsten Produkte von Brot-, Weiß-, Fein-, Pasteten- oder Zuckerbäckern (Konditoren), deren Geschichte und Geschichten sich zu erzählen lohnte. Und wenn es nur darum wäre zu zeigen, daß ein heute im Supermarkt gekauftes Brot, zwar schön verpackt und lange haltbar, mehr einem Chemielaboratorium zu entstammen scheint als einer Backstube! Von den mittels Emulgatoren und naturidentischen Aromastoffen vorgefertigten Baguette- oder Pizzateigen, die heutzutage vor unseren Augen in jedem Stehrestaurant »frisch« gebacken werden, ganz zu schweigen. Und erst die Kuchen ... Es wird an dieser Stelle nicht etwa dafür plädiert, daß jeder sein Brot selber backen soll – aber hin und wieder ein Kuchen, dessen Teig nicht aus einer Schachtel (Milch oder Wasser dran – fertig!) stammt, kann wirklich nicht schaden. Das historische Kuchenherz von Leipzig hat diese sträfliche Vernachlässigung wahrlich nicht verdient.

Zwar bäckt man schon seit dem Mittelalter anläßlich bestimmter Festtage diverse Kuchen, und mancher Stadtbäcker hat sich zum Fein- oder Kuchenbäcker qualifiziert, aber so richtig los geht es mit den bekannten »Kuchenorgien« erst im 18. Jahrhundert, als nämlich der Gebrauch des Kaffeegetränkes immer mehr um sich greift und von der Tendenz her anstelle der bisherigen

kräftigen Vespermahlzeit (gegen 17 Uhr) ein institutio-
nalisierter Nachmittagskaffee tritt (gegen 16 Uhr), zu
dem in Sachsen obligatorisch Kuchen gegessen wird.
Dem Kuchenzeitgeist folgend pachten oder kaufen etliche Gastwirte und Kaffeehausbetreiber Flurstücke vor
der Stadt, um dort Kaffee- oder Kuchengärten zu führen. Schon 1720 betreibt der Kaffeewirt Gottfried Zimmermann einen Sommergarten vor der Stadt. Im Jahr
1773 gibt es in Leipzig zwölf öffentliche Kaffeehäuser,
drei davon betreiben zusätzlich einen Kaffee-und-Ku-
chen-Sommer-Garten: Der *Rudolphsche* (später *Riedel-
sche*) *Kaffeegarten* vor dem Ranstädter Tor ist der
größte.
Wer schon einen Wirtshausgarten hat, ist gut dran, er
muß nur noch Kaffee und Kuchen servieren, und die
Gäste eilen in Scharen herbei: So hören wir 1746 von
einer weiblichen Kaffeerunde, der »lustigen Weiber-
Compagnie«, im *Brandvorwerk* (ehem. Dufourstraße 36):
»Sie haben ordentlich gegen 4 Uhr, nicht aber alle Tage,
ihre schwartze Stunde all dort, und haben dieses Coffee-
Lied selbsten erdichtet ...

> Lob und Danck sey dir gesungen!
> Jetzt nach dieser schwartzen Stund
> Stimmet unser schwacher Mund
> Wodurch deine Krafft gedrungen.
> Stärcke aller Weiber Glieder
> Komm um viere morgen wieder!«

Ganz findige Grundstücksbesitzer oder -pächter machen das Geschäft gleich selbst, indem sie die Profession
wechseln: So ein Gärtner namens Kürschner, der den
ehemals *Gauchschen Garten* (vor dem Peterstor) pachtet
und um 1790 »die ökonomische Benutzung desselben
durch Darreihung von Kaffee, Milch, Bier und anderen
Erfrischungen zu vermehren trachtet«. Ganz an den Na-

Kintschys Kaffeegarten, Lithographie, um 1840

gel hängt der Zimmermann Samuel Händel den erlern-
ten Beruf, als seine Frau 1763 ein Grundstück mit Obst-
baumbestand in Reudnitz erbt. Den hier schon seit etwa
zehn Jahren betriebenen kleinen Kaffeeschank wandelt
Händel durch Um- und Ausbau in – nomen est omen
– den *Kuchengarten* (ehem. Kohlgartenstraße 23) um,
der bis in die Mitte des 19. Jahrhunderts zu den belieb-
testen Lokalen überhaupt zählt. Schon fünf Jahre nach
Eröffnung heißt es: »Es ist dies ein Haus, woran sich ein
Garten mit vielen Sommerlauben befindet, und es wird
in diesem Hause Kuchen, Kaffee, Bier, Tobak und Pfeifen verkauft ... Wenn man das erstemal an diesen Ort
kommt, so scheint es als ob Jahrmarkt gehalten
würde.« Daß der siebzehnjährige Student Goethe hier
an einen Holzbalken seine parodistische Ode »An den
Kuchenbäcker Händel« kritzelte, ist in der Vergangen-
heit so ausführlich beschrieben, so daß wir hier darauf
verzichten und lieber von Herrn Händel, »wo man froh

sein letztes Geld verzehrt« berichten, dessen Backkünste und die seines Sohnes (Besitzer seit 1774) auch andere Minder-Dichter auf den Plan rufen, wie ein Beispiel aus dem Jahr 1781 verdeutlichen kann:

»... dein Kirschkuchen geht weit, das thut doch mancher sehn,
und Stollen bäckst du auch, die bis nach Riga gehn.
Was soll ich endlich noch vom Hannsbeerkuchen sagen?
Daß er vortrefflich schmeckt und vielen stärkt den Magen.
Pfannkuchen backen Sie und alle Sorten Kuchen, bey Sie,
Herr Händel, kann man nach Geschmack aussuchen ...
Da diesem nun so ist – worauf will man denn warten?
Herr Händel lebe lang' in seinem Kuchengarten!«

Zur Bequemlichkeit der Raucher – man bedenke, daß es noch keine Taschenstreichhölzer gibt – hat Händel im Garten einen kleinen Kamin »in Vulkanform« aufmauern lassen, damit sich die jungen Herren hier ihre Pfeifen entzünden und nicht ständig in die Küche gelaufen kommen, was einige ob der dort anwesenden reizenden Küchenmädchen nicht abhält, dies trotzdem zu tun.

Überhaupt hat es Händel nicht leicht mit den Herrn Studenten: »Man lärmt, man brüllt, man jagt alle Gäste aus der Stube, um einen sogenannten Kommersch zu machen, wo es aber meist an Bier fehlt. Am Morgen geht man nach Hause; da zählt der Wirt die zerbrochenen Krüge und Bouteillen (Flaschen) und flucht auf die Lumpenhunde, die Studenten, und die Kuchenfrau

heult und schreit, daß ihr die Studenten das Licht ausgelöscht und im Dunkeln den Kuchen gestohlen haben.«
Hinter der Kaffeeküche befindet sich das mit Brettern verschlossene Kuchenmagazin, wo sich jeder seinen Kuchen abholt und wo sich auch Samuel Händel nach getaner Arbeit hin und wieder selbst aufhält und mit besonderen Gästen einen Aquavit trinkt.

Die Attraktivität des *Kuchengartens*, der bereits damals mit dem uns geläufigen Selbstbedienungssystem funktioniert – so holen sich die Gäste die Goseflaschen selbst aus dem Keller – und das Vermögen der Händelschen Familie nehmen immer mehr zu, was einen Zeitgenossen 1785 zu den Bemerkungen veranlaßt: »Ganze Karawanen von Herren und Damen, Weibern, Mädchen und Kindern, vom Professor und Bürgermeister bis zum Schuster sieht man ziehen ... Die Bürgerweiber trinken drei bis vier Portionen Kaffee und essen für sechzehn Groschen Kirsch- und Pflaumenkuchen. Ihren Männern, die zu Hause arbeiten müssen, bringen sie für sechs Pfennige Käsekuchen mit dem Bedeuten, daß das Geld jetzt rar sei und sie nicht so viel auf Leckerei verwenden dürften. – Händeln sein Kuchen ist aber weit und breit bekannt, und man trifft ihn nirgends besser als hier, der Mann hat sich damit in kurzer Zeit reich gemacht, so daß er jetzt ein großes Vermögen besitzt. Die Studenten nennen ihn den Kuchenprofessor.«
Man will gern glauben, daß in den Händelschen (nachfolgend Pufendorfschen = eine der wichtigsten Weißbäcker-Familiendynastien) Backstuben jährlich tonnenweise Kirschen und Pflaumen und viele Zentner Johannisbeeren und Äpfel verarbeitet werden, von Mehl, Butter, Hefe und Eiern ganz zu schweigen. Bei dieser Massenproduktion verwundert es auch nicht, daß Kaffee, Butter, Rosinen, Mandeln und Zucker Ende

des 18. Jahrhunderts nicht von irgendeinem Detailhändler in Leipzig, sondern direkt aus Hamburg bezogen werden. Bis Ende 1862 existiert der *Große Kuchengarten* (seit 1828 so genannt, weil in Anger-Crottendorf ein *Kleiner Kuchengarten* hinzugekommen ist), danach werden anstelle von Kuchenbrettern Druckplatten hin und her getragen: Albert Henry Payne eröffnet im ehemaligen Kuchenhaus die nicht minder berühmte »Kunstanstalt« für Stahl- und Steindrucke.

Ein anderer Kuchen- und Tortenwallfahrtsort ist das 1824 eröffnete, im Rosental liegende *Schweizerhäuschen* (existiert bis 1935, danach Zooschule) des aus Davos eingewanderten Zuckerbäckers Georg Kintschy. »Kintschys Gartenwirtschaft ist unstreitig der freundlichste Ort Leipzigs und wird daher von Besuchern selten leer. Dreimal in der Woche ist mittelmäßiges Concert. Ein gutes Concert muß extra bezahlt werden. Daher die Extraconcerte. Mit diesen Extraconcerten gerät Kintschy fast stets mit dem lieben Gott in traurigen Konflikt, welcher gewöhnlich, sobald erster ein solches Concert im Tageblatt angekündigt hat, mit Donner, Blitz und Regen ankommt. Es ist allemal zehn gegen Eins zu wetten, jeder im Tageblatte von Kintschy angekündigter Concerttag ist ein Regentag ...«, schreibt der Stadtchronist Stolle um 1840. Kintschy soll einmal, als es urplötzlich zu regnen anfing, eine Torte ergriffen und sie mit einem anklagend-bösen Blick zum Himmel in Richtung Unserallervater mit dem Ausruf geworfen haben: »Da, friß selbst!«

Trotz der angeblich nur mittelmäßigen Konzerte erwirbt sich das *Schweizerhäuschen* sehr bald den Ruf einer vormärzlich-informellen Kulturoase. Hier treffen sich regelmäßig Literaten, Verleger, Musiker und Künstler, u. a. Karl Herloßsohn, Ludwig Bechstein,

Heinrich Marschner, Albert Lortzing, Friedrich Campe, Heinrich Laube. Später, z. B. im Sommer 1868, heißen sie Richard Wagner, Friedrich Brockhaus oder Friedrich Nietzsche. Sie alle lassen sich von Kintschys Zuckerbäk-kerkünsten verwöhnen und den Mücken, die hier »von seltener Größe und Zudringlichkeit sind«, nicht ab-schrecken.

Der Leipziger Kuchenmanie (besonders beliebt sind außer den schon genannten Obstkuchen solche von Sta-chel-, Erd-, Him- und Heidelbeeren) kommen immer wieder aufs neue verschiedene Bäckermeister entgegen, indem sie sich »Extrembackwerke« ausdenken, deren Attraktivität Gäste anlockt. Dieses wiederum den näch-sten Bäcker veranläßt, etwas noch Außergewöhnliche-res anzubieten. Im Gegensatz zur Zuckerbäckerei, die sich bis zur vollplastischen Gestaltung und Ausformung von eßbaren Panoramaschlachten mit Napoleon auf dem Feldherrnhügel oder dem letzten, verheerenden Brand von Moskau hinreißen läßt, können beim soli-den Kuchenbacken keine »Kunstwerke« entstehen. Ganz normale bürgerliche Bäcker halten sich deshalb schadlos mit einer Kuchen-Gigantomanie, die in Sach-sen seit der Regierungszeit Augusts II., des Starken, eine gewisse Tradition nicht verhehlen kann: Man denke nur an den 1730 bei Dresden entstandenen Stollen (Strietzel) von 18 Ellen Länge, für den der Zwinger-Architekt Pöppelmann einen Extrabackofen baut, der mehrere Tage vorgeheizt werden muß, bevor das Back-, wohl besser Machwerk darin verschwindet und nach 12 Stunden Backzeit auf einem Schlitten von acht Pfer-den wieder herausgezogen wird. 30 000 Soldaten sollen davon gekostet haben!

Ganz so schlimm ist es hundert Jahre später in Leipzig nicht, aber auf ein bis zwei Zentner kommt man alle-

Kupfers Caffee Garten, Foto um 1880

mal, wenn es darum geht, einen »riesigen« Kuchen unter die Leute zu bringen. Genau zwei Zentner wiegt der neueste Kuchen, der im Juli 1838 vom *Brandvorwerk*-Bäcker Wilhelm Triebel per Zeitungsannonce angezeigt wird: »Nächsten Sonntag Nachmittag 3 Uhr soll derselbe in 2 und 4 Gr.-Stücke verschnitten werden, wo sich dann Jeder meiner geehrten Abnehmer von der Güte selbst überzeugen kann.« Man stelle sich den 100-Kilo-Kuchen einmal bildlich vor (4,5 Ellen lang, 1,5 Ellen breit, 5 Zoll hoch) – und das biedermeierliche Gerangel um das gute Stück!

Aber damit nicht genug: In Leipzig – wo auch sonst kann man auf eine solche Idee kommen – entsteht im Dezember 1992 mit sage und schreibe 404,35 Metern Länge der »größte Stollen der Welt«! Als Werbeveranstaltung mehrerer Bäckereien wird das spektakulär lange Back-Ereignis mit dem Ziel in Szene gesetzt, im Guinessbuch der Rekorde zu erscheinen. Beeindrukkende Zahlen werden verbreitet: 600 Kilo Mehl, 350 Kilo Butter, 450 Kilo Rosinen, 250 Kilo Mandeln, 70 Kilo Hefe, 6 Kilo Gewürze. Gesamtgewicht: 1,5 Tonnen. Ein neuer Triumph sächsischer Backkunstorgien? Aus aktueller Sicht bestimmt, historisch gesehen allerdings ein Flop, denn der »Riesenstollen« von 404 Metern Länge wird in 515 Einzelstücken (von knapp 80 Zentimeter Länge) gebacken, die danach aneinandergereiht werden! So gesehen müßte jeder Bäcker oder Konditor, der sich in Leipzig zur Vorweihnachtszeit aufschwingt, einen Stollen als Schaufensterdekoration in voller Backofenbreite oder -länge (1 – 2 Meter lang) anzufertigen – und davon gibt es alljährlich in Leipzig mindestens ein halbes Dutzend – , im Guinessbuch verzeichnet sein!

UH

Omeletts

6 *Eier*
¼ l *Milch*
4 EL *Weizenmehl*
  Butter, Zucker, Zimt

Die Eier werden mit der Milch, dem Mehl und etwas Zucker gut verquirlt. In einer Pfanne werden jeweils 4 Eßlöffel der Eiermasse in Butter von beiden Seiten gebacken. Die Omeletts werden mit Zucker und Zimt nach Belieben bestreut und sofort serviert.

Mürber Blechkuchen

220 g	Fett
250 g	Mehl
125 g	kleingehackte süße Mandeln
110 g	Zucker
1 EL	Puderzucker
1	Speckschwarte

Das Fett wird schaumig gerührt, mit dem Zucker, Mehl und den Mandeln vermischt. Der Teig wird sofort auf dem mit Salz und dem Speck eingefetteten Kuchenblech etwa ½ cm stark ausgerollt und kaltgestellt. Bei mittlerer Hitze wird der Teig etwa 25 Minuten gebacken. Der noch warme Blechkuchen wird in Streifen geschnitten. Nach dem Erkalten wird er mit Puderzucker bestreut.

Kaffeecreme

250 g	Sirup
100 g	Zucker
8 Tassen	weiße Gelantine
⅛ l	Milch
½ l	starker Kaffee

In dem aufgebrühten Kaffee wird die Gelantine aufgelöst. Der Sirup wird erwärmt und mit Zucker, Milch sowie dem Kaffee vermischt. Die Masse wird etwa 1 Stunde häufig gerührt, danach in Schüsseln gefüllt. Wenn die Kaffeecreme steif ist, Vanillesoße darüber gießen.

»... es soll Euch anheimeln in unsrer Gartenlaube«

Den Morgen- oder Nachmittagskaffee in der Gartenlaube einzunehmen – allein oder im Kreise der Familie – gehört (soweit man eine hat) zu den angenehmsten Unterhaltungen, die sich das Klein- und Mittelbürgertum nach 1800 zunehmend gönnt. Natürlich hatte der eine oder andere Bürger bereits vor 1800 außerhalb der Mauern einen mehr oder weniger großen Garten (Leipzigs erste »Gartenordnung« wird bereits im 16. Jahrhundert erlassen!), aber so richtig los geht es mit den privaten Hausgärten erst, als sich die städtische Wohnfläche ausdehnt und die verschiedenen Dörfer eingemeindet werden. Einen regelrechten Lauben-Schub gibt es in Leipzig aber vor allem nach der Gründung der ersten Kleingartenanlage im Johannistal im Jahr 1832 (der ältesten in Deutschland überhaupt). Sie entsteht, weil ein weitblickender Ratsherr die Chance sieht, eine städtische Sandgrube durch viele kleine Nutzer »kolonisieren« zu lassen. Der Andrang ist groß: Am 24. Juni 1833 werden die ersten 86 Gärten eingeweiht. Im Jahr 1864 sind auch an anderen Brachland-Stellen Leipzigs schon so viele Gartenkolonien entstanden, daß ein Verein her muß, nach dessen einem Gründungsmitglied Dr. Schreber ein neues Wort, nämlich Schrebergarten, die deutsche Sprache ziert. Es gibt heute drei Gaststätten (*Schreber-Hauschild*, G.-Schumann-Str. 134 a, *Dr. Schreber's Kneipe*, Aachener Str. 7, *Schreberheim*, Holsteinstr. 34), die sogar nach den Vereinsvätern benannt sind. Wollte man all die Gartenlauben zählen, die in Wohnhaus- oder Kleingärten in ihrer phantastischen Trivialarchitektur ein wundersames Eigenleben ermöglichen, hätte man viel zu tun.

Nicht von ungefähr heißt deshalb wohl auch die bekannteste deutsche Familienzeitschrift des 19. Jahrhunderts »Die Gartenlaube«, die in Leipzig am 1. Januar 1853 erstmals herausgegeben wird und dann wöchentlich einmal (ab 1884 bei Kröner, ab 1903 bei Scherl) bis zum September 1944 erscheint. In der ersten Nummer wenden sich die Editeure, der Redakteur Ferdinand Stolle und der Verleger Ernst Keil, an ihr zukünftiges Lesepublikum: »Wenn Ihr im Kreise Eurer Lieben die langen Winterabende am traulichen Ofen sitzt oder im Frühlinge, wenn vom Apfelbaume die weißen und rothen Blüthen fallen, mit einigen Freunden in der Laube – dann leset unsere Schrift. Ein Blatt soll's werden für's Haus und für die Familie ... Fern von aller raisonnirenden Politik und allem Meinungsstreit in Religions- und anderen Sachen, wollen wir Euch in wahrhaft guten Erzählungen einführen in die Geschichte des Menschenherzens und der Völker ... in die freie Natur, zu den Sternen des Himmels, zu den Blumen des Gartens ... was Ihr täglich seht und doch nicht kennt – Ihr sollt's finden in unserem Blättchen.« Das konservative Konzept mit dem Anspruch von Belehrung und Unterhaltung klappt vorerst glänzend, wie die Auflagenentwicklung zeigt. 1861: 100 000, 1863: 160 000, 1875: 382 000 (Höchststand), 1885: 270 000, 1906: 100 000, 1936: 83 000.

Ob ihres Eintretens für die Bismarcksche Kulturpolitik nach 1871 oder der Romanveröffentlichung von Eugenie Marlitt um 1885 erwirbt »Die Gartenlaube« be-

Titelblatt der »Gartenlaube«, 1917

rühmt-berüchtigten Ruf, der vielfach vergessen läßt, daß Theodor Storm, Paul Heyse oder Wilhelm Raabe ebenso »Gartenlauben«-Autoren sind wie Theodor Fontane, dessen Novellen (»Unterm Birnbaum«, »Quitt«, »Mathilde Möhring«) hier erstmals erscheinen.

Mehrfach verändert die Wochenillustrierte ihr Gesicht, aber der Kaffee in der Laube ist immer dabei: Auf der Titelseite drückt sich anfangs die reizende Familie unter einem kleinen Blätterdach zusammen. Der Großvater liest aus der Zeitung vor, während das Dienstmädchen den Kaffeetisch gerade abgeräumt hat. Nach 1900 hat sich die Laube zu einem großen, hölzernen Gartenpavillon gemausert. Der Großvater liest immer noch aus der Zeitung vor, die Kaffeetassen stehen nunmehr auf dem Tisch. Im vielfältigen Zusammenhang der Aura um die sogenannten Kaffeesachsen spielt auch das Gartenlauben-Titelblatt aus Leipzig seine unterschwellige Rolle, indem Woche für Woche deutschlandweit vorgeführt wird, wie nett man doch in Sachsen am Kaffeetisch beisammensitzt.

Daß in einem Leipziger Neubaugebiet 1991 eine Gaststätte namens *Gartenlaube* (Goldsternstraße 47) eröffnet wird, zeigt einerseits die Natursehnsüchte in einer derartigen Wohnsiedlung, andererseits die Spezialkenntnisse der Betreiber, was Leipziger Lokalgeschichte betrifft.

UH

Nietzsche im Garten *K.*

»Mein Magen – ist wohl eines Adlers Magen? Denn er liebt am liebsten Lammfleisch. Gewißlich aber ist er eines Vogels Magen ...«, läßt Friedrich Nietzsche sein Zarathustra-Ich sprechen, und das weiß, wovon es redet. Denn der Magen des jenseits von Gut und Böse nachgrübelnden Dichterphilosophen reagiert seit frühester Jugend äußerst empfindlich und eignet sich eigentlich nur, diätetische Vogelportionen zu vertragen. Des Denkers strenges Urteil über Gott und die Welt erstreckt sich hin und wieder herablassend auch auf die Küche seiner diversen Wohnsitze. Leipzig, wo der elitäre junge Mann 1865/66 Philologie und Philosophie studiert und sich später mehrfach besuchsweise aufhält, kommt dabei mit Abstand am schlechtesten weg: »... ich habe bis zu meinen reifsten Jahren immer nur schlecht gegessen ... ich verneinte, durch Leipziger Küche zum Beispiel, meinen ›Willen zum Leben‹. Sich zum Zweck unzureichender Ernährung auch noch den Magen zu verderben – dieses Problem scheint mir die genannte Küche zum Bewundern zu lösen.«
Als Nietzsche 1868 Richard Wagner im Hause des Verlegers Friedrich Brockhaus kennenlernt, verbindet sie bald ein enges Band der Freundschaft. Zu dritt verbringen sie viele Stunden in *Kintschys Kaffeegarten*. Dort scheint der Philosoph keine Magenkrämpfe bekommen zu haben, zumindest nicht aufgrund des Genusses von Streuselkuchen oder Apfeltorte. Beim Gedanken allerdings an den sonstigen menschlichen Verkehr in den diversen Gaststuben oder Kneipen, die er als Student

Franz Jüttner, Friedrich Nietzsche, Feder/Kreide, 1902

regelmäßig besuchte, scheint es ihm im nachhinein ständig schlecht geworden zu sein: »Rechne ich meinen Verkehr mit einigen Künstlern, vor allem mit Richard Wagner ab, so habe ich keine gute Stunde mit Deutschen verlebt ... Soweit Deutschland reicht, verdirbt es die Cultur.« Vielleicht hat Nietzsche einfach zu oft in der *Deutschen Bierstube* gesessen, wo es zwar im Hinterzimmer leise und gesittet zugeht, dafür aber vorn im Gastraum und am Tresen umso lauter! Auch in der *Restauration Löwe* (Nikolaistraße), wo Nietzsche am 18. Januar 1866 seinen ersten öffentlichen Vortrag im Vereinszimmer hält, mögen ärgerliche Geräusche von außen hereingedrungen sein, die etwas dämpfend auf die eigene Großartigkeit wirkten: »Hier im gewölbten Raume konnte ich, nachdem ich die erste Schüchternheit überwunden hatte, kräftig und mit Nachdruck mich ausgeben und hatte auch den Erfolg, daß meine Freunde den größten Respekt vor dem Gehörten äußerten.«   UH

Kafka im *Schloß W.*

Von den zu Großmutters Zeiten unzähligen gastronomischen Einrichtungen in der Hainstraße haben nur zwei überlebt: die Tanzdiele *Riebeck-Bräu* (heute *Sachsenbräu*, Nr. 17 – 19) und das Café *Schloß Wilhelmshöhe* (Nr. 10). Die Bezeichnung *Schloß* im Firmennamen war über die letzten Jahrzehnte abhanden gekommen, bezieht sie sich doch auf den Adelssitz in Kassel, was das inzwischen wieder hervorgeholte blecherne Firmenschild beweist (hängt jetzt im Gastraum).

Wenn man sich die Mühe macht, ein wenig in den Archiven zu stöbern, wird man erstaunt feststellen, daß diese Lokalität im Durchgang *Großes Joachimsthal* ein Leipziger Künstlertreffpunkt war, der einen erstaunlichen »Stammbaum« aufzuweisen hat. Schon im 16./17. Jahrhundert befindet sich hier einer der größten Weinkeller der Stadt, dessen Besitzer Ausschank betreiben. Im 18. Jahrhundert ist von einem »berühmten Gast- und Speisenhaus« die Rede, in dem Fremde besonders komfortabel speisen und logieren können. Im biedermeierlichen 19. Jahrhundert entwickelt sich das Weinrestaurant zum bevorzugten Künstertreffpunkt der ortsansässigen Schriftsteller, Journalisten und Musiker. Um den in Prag geborenen Deutschböhmen Karl Herloßsohn, Journalist und Autor humoristischer und historischer Unterhaltungsromane (der in der Nr. 29 wohnte), versammeln sich hier von etwa 1815 bis etwa 1835 Buchhändler, Verleger, Autoren und Komponisten. Dazu gehören die Herren Brockhaus, Vieweg, Campe,

Wigand, Marschner, Lortzing, Hoffmeister oder Bechstein: Namen, die man auch heutzutage nicht nur von Straßenschildern kennt.

In der zweiten Jahrhunderthälfte ist die Weinstube lautstarker Treffpunkt der Schauspielerinnen und Schauspieler des nahegelegenen Alten Theaters samt deren buntgemischten Anhangs. Der Hotel- und Restaurantbetrieb wird auch nach dem Umbau des Vordergebäudes zum Geschäftshaus um 1900 in verkleinerter Form geführt, was zur Folge hat, daß sich hier, völlig abgeschieden vom sonstigen Trubel, in den Jahren 1910/11 die Avantgarde der modernen deutschen Literatur gesellig breitmacht, so lange (bzw. kurz) sie es in Leipzig aushält: Kurt Pinthus (Herausgeber der expressionistischen Lyrikanthologie »Menschheitsdämmerung«), Ernst Rowohlt, Franz Kafka, Walter Hasenclever, die Lyrikerin und Lebensgefährtin Max Klingers Elsa Asenjeff, der Verleger Kurt Wolff oder der Verfasser der »Sächsischen Miniaturen« und Mitautor der »Feuerzangenbowle« Hans Reimann – der damals allerdings noch nicht als Schriftsteller, sondern als Grafiker für den Kurt-Wolff-Verlag tätig ist. Sie alle sitzen hier regelmäßig beisammen beziehungsweise steuern die Weinstube gezielt an, wenn sie Leipzig auf einen Sprung besuchen. Abgeschieden vom sonstigen öffentlichen Literaturbetrieb empfangen Rowohlt und Wolff in diesem Lokal ihre Autoren – und es waren derer nicht wenige: Der Verlagsprospekt zwischen 1910 und 1913 verzeichnet immerhin mehr als 90 Autoren.

Nach dem zweiten Weltkrieg wird die damals noch mit dem Originalmobiliar von etwa 1910 ausgestattete Gaststätte zu einer Art Vorstadtkneipe in der Innenstadt. Und bestenfalls die alte Pianistin, die allabendlich mit gebrochener Stimme am Klimperklavier sitzt und

Saisonschlager interpretiert, wird sich der unbekannten Jüngelchen entsonnen haben, die vor 1914 hier ihren Wein süffelten und stritten, und auf deren zukünftigen Ruhm keiner in Leipzig ein Glas Sherry verwettet hätte ...

AR

Zwiebackmehlspeise

140 g	*Zwieback*
½ l	*süße Sahne*
65 g	*Zucker*
4	*Eier*
2	*Eigelb*
60 g	*Butter*
½	*Zitrone*
	Zimt

Die Sahne wird mit dem Zucker zum Kochen gebracht. Der Zwieback wird kleingestoßen, zu Sahne und Zucker hinzugegeben und etwa 5 Minuten gekocht. Danach werden 4 ganze Eier, 2 Eigelb, Butter, die gewiegte Schale einer halben Zitrone und eine Prise Zimt beigegeben. In eine mit Butter ausgestrichenen und mit gestoßenem Zwieback bestreuten Form wird die Masse gebacken. Dazu wird Schokoladen- oder Vanillesoße gegeben.

Lohn der Sparsamkeit

Außer großartig war die Schauspielerin und Brecht-Witwe Helene Weigel auch ziemlich witterungs-empfindlich und (wie drückt man das im Zusammenhang mit einer verehrten Persönlichkeit aus?) außerordentlich sparsam.

An einem linden Herbsttag des Jahres 1965 – die Weigel und andere Mitglieder des Berliner Ensembles hatten eine Soiree im Saal der Ingenieurschule für Post- und Fernmeldewesen vor sich – zeigte ich der in Pelze gehüllten Grand Dame, beflissen ihrem befehlsartigem Wunsch gehorchend, ein paar historische Anguckbauten der Innenstadt. – Dann war es der Bewunderten nach einem Kaffee zumute. Ein bißchen »weanerisch« sollte die Athmosphäre des Lokals schon sein. Und unerkannt wollte sie bleiben. Was ihr ja in Leipzig (leider) in jeder Lokalität gelungen wäre. Wir ließen uns also im *Café Cather* (Katharinenstraße) nieder. Wie gesagt, es war ein linder Herbsttag. Aber »Helli« entledigte sich weder ihres Zobelpelzes noch der ins Gesicht gezogenen diversen Kappen. Eine Tasse Kaffee kostete damals 96 Pfennige. Mit einem flüchtigen »Danke« steckte die Kellnerin die eine Mark der Weigel weg, ohne daß sich diese vorher zu einem »Stimmt so« hätte aufraffen können. Sogleich anhub die Mimin zum Protest. Und die Serviererin, lässig einen Fünfer aufs Tischchen werfend, fragte mich laut und lässig: »Ihre Oma spart wohl auf ihren nächsten Skunks-Balg?« Zu allerwelts – also meiner – Verblüffung schwieg die ansonsten vorlautschlagfertige Prinzipalin ob dieser Bemerkung. Ich hätte also fürderhin eigentlich das Recht gehabt, sie öffentlich als meine Großmutter auszugeben.

AR

Kirschpfanne

500 g	*Sauerkirschen*
250 g	*Zucker*
8	*altbackene Semmeln*
6	*Eier*
40 g	*kleingehackte Mandeln*
150 g	*Butter*
1 l	*Milch*
15 g	*Mehl*
	Zimt

Die Kirschen werden bereits einen Tag vorher entkernt und gezuckert. Die Semmeln werden in der Milch eingeweicht, danach mit den Eiern, Butter, Mandeln und dem Mehl gut verrührt. Hinzu wird Zimt gegeben. Die Masse wird anschließend mit den gezuckerten und abgetropften Kirschen vermischt und in einer gut gefetteten Form etwa 1 Stunde gebacken. Die Kirschpfanne kann mit Zucker und Zimt bestreut oder mit Vanillesoße übergossen werden.

Polizisten-Humor im Jahre 1970
oder Keine Haftung für Garderobe

Der traditionellen Obhuts- und Fürsorgepflicht entzieht sich das moderne Gastgewerbe schon kurz nach 1900 in ganz Europa mit dem Aufhängen verschiedener Schilder, die unter anderem mit dem Hinweis »Wir bitten auf die Garderobe selbst zu achten, da keine Haftung übernommen wird« versehen sind.

Odwin Quast, der organisierende Quirl der Leipziger Kleinkunstszene, besaß dereinst einen lammfell-gefütterte Ledermantel, den er aus Polen eingeschmuggelt hatte. Aufgrund der Beschaffungsmühen war ihm das Stück natürlich noch mehr wert als die damals erhebliche Kaufsumme von eintausend Mark, die dem durchschnittlichen Brutto-Monatslohn eines überdurchschnittlich qualifizierten Facharbeiters entsprach.

Und so war er denn sichtlich erschüttert, als ihm eines wintrigen Nachmittags das Prestige-Gewand in der *Moccabar* (Sachsenplatz) entwendet wurde.

Fröstelnd und gesenkten Hauptes zuckelte er zum Polizeirevier in der Ritterstraße, um wehen Herzens und zornigen Sinnes den Diebstahl anzuzeigen. – Der gestrenge Laubfrosch in der Pförtnerloge ließ sich zunächst einmal erläutertn, wieso, weshalb, warum ... Dann quakte er umständlich die ganze Story per Telefon in die obere Etage durch.

Nun hatte das Häufchen Unglück in einem kahlen Zimmer des Diensthabenden zu harren. Und dieser sprang

alsbald durch die Tür und rief zur Begrüßung ermunternd: »Meck, meck, meck – der Mantel ist weg?!«.
Trotz ausbleibendem Lachkrampf versuchte er den Bestohlenen damit zu trösten, daß ihm auch schon einmal ein Mantel geklaut worden sei!

Und schweigend verließ der Humor- und Mantellose das Revier seiner Freunde und Helfer.

AR

Milchäpfel

    Äpfel
¼ l Milch
15 g Mehl
    Butter, Zimt

Die Äpfel werden nicht geschnitten, sondern im Ganzen und mit Schale in sehr wenig Wasser kurz gekocht. Milch und Mehl werden verrührt und über die Äpfel gegossen. Die Äpfel zum Aufkochen bringen, mit ausgelassener Butter übergießen und mit etwas Zimt bestreuen.

Von Cockpit bis Csarda –
eine Leipziger Kneipenmeile

Also so war das: Bis etwa 1985 hinlebten die Staatsver-
wirrten in dieser Stadt fast ständig beieinander. Und des
Autors Ironie betreffs dieser angeschlagenen Personen
beweist nur seine Zugehörigkeit zu den Bespöttelten. –
Es ist eine Fama über Herrn Immanuel Kant in allen
Köpfen, die besagt, er habe zu Königsberg ein Seil span-
nen lassen von seiner Behausung zur Kneipe, um sich
nächtens besoffen heimwärts hangeln zu können.
Die kleineren Geister aus Leipzig torkeln ihre tägliche
Strecke auch ohne Fadenführung zielsicher ab.
Die freien Tage der freischaffenden Maler und Musiker
huben für gewöhnlich gegen Mittag in der in der Tiefe
gelegenen, fensterlosen Tagesbar des *Burgkellers* mit
einigen Wermut-Drinks an. Verirrte Outsider wurden
schleunigst mit Karo-Schwaden ausgeräuchert, und
hatte man die eigenen Nervosität ertränkt, übergoß
man die wutbebenden schweigenden Jungs von der
Staatsunsicherheit mit ätzend scharfer Soße. Unterein-
ander aber war im Rudel fast nur die Rede über das Für
und Wider von Ausreiseanträgen.
Und einmal, als die mit Berufsverbot rehabilitierten bösen Buben der Rockband Renft von fröhlichen Country-
nächten an Australiens Stränden schwärmten und ein
widerborstiger Literat sie zum Aushaaren auf ihrem Posten überreden wollte, betrat ein Bull' in Zivil den Stollen. Der schlenderte zielgerichtet auf den vorbestraften

Schreiberling zu, zückte seine Hundemarke und verlangte, den Ausweis zu sehen: Ein scheinbar nebensächlicher Vorgang. Das Zittern des Dichters ließ erst nach, als er drei, vier Kognak eingeflößt bekommen hatte. Es war aber nicht der Erfolg von dergleichen Einschüchterungsversuchen, daß die Crew meist gegen 15 Uhr das *Cockpit* (so nannte sie die Grotte) verließ und beim weiteren Umtrieb durchs Innenstädtle sich gelegentlich aus den Augen verlor. Wohin jene abdrifteten, die nicht sogleich ins *Café Corso* (Neumarkt) einsegelten, ist unbekannt.

Wer aber im selbigen Etablissement Station machte, um eine Tasse Kaffee zu schlürfen oder als »Mittagsmahl« ein labbriges Ragout fin aus fettigem Schweinefleisch einzugabeln, konnte dort auch ohne Kulturzuschlag – übrigens bis heute – einige namentlich bekannte Leipziger Maler begaffen, die ihrerseits offensichtlich ein wenig von Schlagersänger-Narzißmus befallen waren. Wer wollte, konnte sich auch täglich die klugen, bösen, in jedem Fall böhmisch-trunknen Triaden des Tonmeisters G.T. anhören. Wer nicht, wußte, daß er diese zur nächtlichen Stunde in der *Csarda* (Burgstraße 2) nicht würde überhören können.

Aber wir sind erst auf halber Strecke.

In der nächsten Tränke auf dem langen Weg durch die Kaschemmen füllten viele der Knurrhähne in der *Bodega* (ehem. Messehofpassage) etwas Rotwein in sich ab. So drei, vier Schöppchen. In dieser schlauchartigen Wein-Probierstube herrschte gegen 16 Uhr ein reges Gedränge von Leuten, die sich auch verbal ständig gegenseitig schubsten. Warum saß zum Beispiel ein bestimmter, dickbebrillter Maler, dem ein Bildnis des berücksichtigten Feliks Edmundowitsch aus dem Pinsel gerutscht war, immerzu in dieser Kneipe, wenn die Spottdrosseln sich sangesfreudig niederließen? Er war doch ansonsten kein Masochist! Das Wirtsehepaar Sanders jedenfalls übte sich in asiatischer Höflichkeit und ließ sich folglich weder durch Streitereien noch wilde Witze sichtlich beeindrucken. Das mag unter anderem daran gelegen haben, daß sie 21 Uhr schlossen und wußten: Ihre Pappenheimer würden spätestens nach zwei Stunden gen *Thüringer Hof* (Burgstraße 4) abwandern.

Der »TH« liegt in der Gasse, durch die Napoleon dereinst fluchtartig die Stadt verließ. Die Stadtstreicher gehobener Provenienz aber blieben vorerst. Und nur ein biologisch bedingtes Bedürfnis bewog sie dortselbst dazu, nur leise über die dazumal üblen Speisen des Hauses zu murren. Zudem gluckte die Mannschaft an getrennten Tischen: Die Meuterei hätte also nichts als Bier-Entzug zur Folge gehabt. Und die Kellner in dieser »historischen Studentenburse«, die in verblichener Vorzeit über eine eigene Gerichtsbarkeit verfügte, waren auch anno 1980 noch gehörig macht-bewußt: Bei ihnen war selbst das leidige »Sie werden plaziert!« bestenfalls eine »Kann-Bestimmung«.

In Demut verbunden, harrte denn in verschiedenen Revieren die Schar wankender, wackerer Mannen der Mitternacht, um mit wehenden Fahnen in die *Csarda* überlaufen zu können.

Warum erst so spät? Die *Csarda* war ausschließlich Weinlokal, hatte aber – im Gegensatz zu allen anderen Gaststätten – bis 1 Uhr geöffnet. Und das mußte noch sein. Und für mehr als eine halbe Flasche pro Person reichte außerdem zu nächtlicher Stunde meist die Pinunze nicht mehr.

Harry, der liebenswürdige, rotknollen-nasige Kellner, der immer im Tran war, weil er sich an den Neigen delektierte, lallte zu diesem Zeitpunkt meist: »Ich habe nur noch zwei Sorten. Linde, äh, oder Linde.« Wenn man es bis Ausschankschluß geschafft hatte, doch drei Krüge Weins seiner geschundenen Leber anzutun, bezahlte man als Stammgast des öfteren nur einen: Harry merkte es sowieso nicht! Oder? Die Gelegenheitskundschaft hat uns vermutlich recht häufig unfreiwillig »einen ausgegeben«.

Harry hängt in Öl übrigens im Leipziger Bildermuseum, lebensnah abkonterfeit vom Maler Wolfgang Siegenbruck, der nach Lektüre seiner Stasiakte inzwischen Leipzig verlassen hat, weil ihm alle, alle trotzdem in die Augen gesehen haben und sich keiner wenigstens geschämt oder ansatzweise entschuldigt hat.

Hier, in der *Csarda*, trafen sich hinterm Berg des Tages alle, alle wieder und brüllten ihre Ressentiments und Dissidentiments in Jedermanns Ohren: So macht der Trunk wohl Kühne aus uns allen. In dieser Kneipe feierten wir, wenn einer seine Ausreisepapiere erhalten hatte und am nächsten Morgen ins für uns fernste Land der Welt reiste. Und hier trauerten wir am nächsten Abend um ihn. Das wiederholte sich ungezählte Male, jahrzehntelang.

Aber bevor die Stunde kam, in der wir vermeintlich endgültig von ihm Abschied nahmen – dem »Glücklichen«, dem »Verräter«, dem uns in jedem Fall nicht Gleichgültigen – hatten wir noch einen ganzen Tag umzubringen.

Der Leser schlage in der Geschichte zurück und beginne von vorn.

AR

ABENDS UND NACHTS

»Was übrig bleibt,
wird mitgenommen ...«

Die genaueste Anweisung, wie man von einer Festtafel etwas Eßbares »mitgehen« lassen kann, ist der bereits erwähnten, zum Teil auf Leipzig gemünzten Satire des 16. Jahrhunderts, den sogenannten Dunkelmännerbriefen, zu entnehmen.

Dem Leipziger Magister Hofmann, ältester Vorsteher der *Heinrichburse* (Internat, heute etwa Ritterstraße 7), werden folgende Äußerungen untergeschoben:

»Ich hatte einen Diener bei mir, der zwei Töpfe hatte und wohl wußte, wo ich saß. Die Töpfe stellte er unter meinen Stuhl ... Da nahm ich nun einen Topf, füllte ihn mit Wein und stellte ihn wieder unter den Tisch. Neben vielen anderen Gerichten gab es ein hervorragendes Ragout aus ganzen Hühnern und anderen guten Zutaten. Da nahm ich den anderen Topf und steckte ein ganzes Huhn hinein.« Daraufhin verschwindet auch der zweite Topf wieder unter dem Tisch, und der Magister läßt obendrein ein Messer fallen, das sein herbeigerufener Diener aufheben soll. »So kroch er unter den Tisch, hob das Messer auf, versteckte gleichzeitig die zwei Töpfe unter seiner Kleidung und ließ sie so mitgehen, daß kein Mensch es bemerkte ... Ich habe noch die beiden nächsten Tage von den Resten gegessen, weil wir unterwegs nicht alles aufessen konnten.«

Die ganze Geschichte spielt sich übrigens – so will es jedenfalls diese wohl berühmteste Satire des Humanismus – noch dazu auf dem prunkvollen abendlichen Hochzeitsessen eines sächsischen Kurfürsten ab, als dessen Gäste besagter Magister Hoffmann und der Rektor der Leipziger Universität geladen sind.

UH

Heringssalat

1 kg	*Kartoffeln*
2	*Salzheringe*
2	*große Äpfel*
⅛ l	*Brühe*
1	*saure Gurke*
1 EL	*Senf*
4 EL	*Essig*
2 EL	*Öl*
1	*kleine Zwiebel*
4 g	*Zucker*
1 EL	*Salz*
	Pfeffer

Die Heringe werden entgrätet, gesäubert und einen Tag lang gewässert. Die Kartoffeln werden gekocht und gepellt. Brühe, Essig, Senf, Öl, Salz, Pfeffer, Zucker und die geriebene Zwiebel werden vermischt. Anschließend werden Kartoffeln, Heringe, die vorher geschälten Äpfel und die Gurke in etwa gleichgroße Würfel geschnitten und in die Flüssigkeit gegeben. Etwas durchziehen lassen und abschmecken.

Die »Pausenlimonade« im 17./18. Jahrhundert

So befremdlich es auf den ersten Blick erscheinen mag: Die Geschichte des bürgerlichen Konzertlebens ist eng mit der Historie von dutzenden Gastgewerbebetrieben verknüpft. Und dies nicht nur zufällig hier und da, sondern nahezu an allen Orten, denn generell läßt sich für das 17./18. Jahrhundert feststellen, daß es Tavernen, Wirtshäuser, Gasthöfe oder Kaffeehäuser sind, in denen zuerst öffentlich musiziert wird.

Der Grund hierfür ist einleuchtend: Sie verfügen als einzige über größere Räumlichkeiten, die von der sich herausbildenden bürgerlichen Öffentlichkeit im 17./18. Jahrhundert für musikalische Aufführungen genutzt, das heißt gemietet, werden können. Abgesehen von Kirche, Rathaus und Schule gab es anno dazumal noch keine öffentlichen Gebäude außer den genannten, die genügend Platz gehabt hätten. Neben der regelmäßigen Mieteinnahme hatte das frühe »Gasthauskonzert« außerdem für den entsprechenden Wirt oder Pächter den angenehmen Nebeneffekt, daß Speisen, vor allem aber Getränke an eine neue Gästeklientel – die städtischen Musikliebhaber – verkauft werden konnten, was keine geringe Umsatzsteigerung bedeutete.

Ein »Konzert mit oder ohne Eintrittsgeld« zu organisieren und dabei Wein auszuschenken, kommt auch in Leipzig sehr bald nach 1700 in Mode. Kleinimbißangebot und Getränkeausschank während der musikalischen Darbietung bleibt wohl noch bis weit in das 18. Jahrhundert üblich, ehe beides zunehmend auf die Konzertpause beschränkt wird.

Nicht ohne hintergründigen Reiz ist die Vorstellung, daß die Zweiteilung eines Konzerts durch eine Konzertpause (neben dem Öffentlichkeitsbedürfnis von Sehen-und-Gesehen-Werden) wahrscheinlich in erster Linie überhaupt nur erfunden wurde, damit der Wirt beziehungsweise der Veranstalter mit dem »Pausenservice« weitere Einnahmen erzielen oder mit Abgabe eines Gratis-Tees oder -Kaffees die erhobenen Eintrittspreise zu rechtfertigen suchen konnten.

Mehrere Collegia musica spielen im 18. Jahrhundert fast fünfzig Jahre unter Leitung berühmter Zeitgenossen wie Telemann oder Bach in verschiedenen Kaffeehäusern der Innenstadt. Und das sogenannte Große Konzert (direkter Vorläufer der Gewandhauskonzerte) mietet sich ab 1744 – wie kann es anders sein – in einem Gasthof ein, von dem der junge Berliner Komponist Reichardt 1771 mitteilt, »daß der Eingang etwas Mystisches hat, in dem man durch eine gemeine Herberge einen Gang heraufgeführt wird, nach dem man sich eher ein heimliches Halsgericht vermuthen sollte, als einen hellen Saal voll galanter Gesellschaft, die ... aber die schöne Gabe des Plauderns mit allen übrigen Concertgesellschaften gemein hat.« Obwohl seitens des Publikums während der Musikdarbietung noch munter geplaudert und gescherzt wurde im ersten Stock der Herberge *Zu den Drei Schwanen* (Brühl) – 200 bis 300, gar 400 Zuhörer sind keine Seltenheit im dichtgedrängten Saal! –, ist das »Reichen von Erfrischungen« beim Schwanenwirt bereits ausschließlich auf die Pause beschränkt, und gespeist wird offensichtlich während des meist vierstündigen Konzerts gar nicht mehr.

Im Jahr 1781 erhält Leipzig seinen ersten Konzertsaal, in dem nun umgekehrt die Gastronomie zu Gast ist wie vordem die Musik zu Gast bei der Gastronomie war! Johann Friedrich Carl Dauthe baut im Auftrag des Stadtrates den bis dahin leerstehenden Oberboden des Gewandhauses aus:

»In dem geräumigen Gewandhause sind nach Angabe des Baudirektors Dauthe, zwei große Säle zu Koncerts und Bälle eingerichtet, die mit geschmackvollen Plafonds und Architekturmalereien von Oeser und Giesel decorirt worden. Das Koncert wird von Michaelis bis Ostern gewöhnlich alle Donnerstage gegeben. Es gewährt dem Liebhaber der Musik gewiß eine eben so angenehme Unterhaltung, als jene des Tanzes während dem Herbst und Winter auf die an jedem Freitag festgesetzten Bälle Gelegenheit finden, unter Terpsichorens Schutze in verschlungenen Touren mit ihren Schönen sich dicht aneinander zu drücken.«

Neben dem mit langen Holzbänken beziehungsweise Stuhlreihen, einem Orchesterpodest an der Stirnseite und einer umlaufenden Galerie ausgestatteten Konzertsaal liegt der Ballsaal.

Da in dem Gebäude weder Küche noch Weinkeller vorhanden sind, übernehmen die gastronomische Betreuung »Fremdfirmen«, die wir heute als Partyservice bezeichnen würden.

In den Statuten der Leipziger Tanzgesellschaft, die sich aus reinem »bürgerlichen Privatvergnügen« zusammenfindet (Adlige hatten nur Zutritt als Gäste, konnten aber nicht Mitglied werden), ist genau festgelegt, wer von den Leipziger Gastronomen wann was im Gewandhaus-Ballsaal zu servieren hat, wobei ganz deutlich wird, daß Speisen und Getränke angeliefert werden:

»Für das Abendessen, so außer einer Reissuppe in kalten Speisen besteht, sorgt Herr Zimmermann, welchem für die Person mit Inbegriff des Tees 12 Groschen gezahlt werden; auch versieht selbiger, jedoch bloß auf Verlangen der Gesellschaft mit verschiedenen Sorten von Wein, indem jedem Mitglied freisteht, für sich und seine Gäste Wein selbst mitzubringen. Mit Gefrornem (Eis) bedient Herr Exner die Gesellschaft.« Unmißverständlich ist außerdem festgelegt, daß »zur Aufwartung bei der Tafel« nur die Bedienten der Mitglieder und »Herrn Zimmermanns Leute« berechtigt sind.

Ob diese beiden Herren, der renommierte Weinhändler Zimmermann und der nicht minder bekannte Kaffeewirt Exner, auch für die »Aufwartung« während der Gewandhauskonzertpausen Sorge getragen haben – was gut vorstellbar wäre –, geht aus den allgemein bekannten Quellen zur Geschichte des Gewandhauses nicht hervor. Daß in der »viel gewünschten und herbeigesehnten Pause« zwischen dem ersten und zweiten Konzertteil irgendeine Art von »Pausenlimonade« zur Verfügung gestanden haben muß, liegt eigentlich auf der Hand. Wer sie brachte, an wie viel Servicetischchen sie bereitgestellt war und woraus sie überhaupt bestand (wahrscheinlich aus Kaltgetränken wie Sorbet, diversen Limonanden und Rot- oder Weißweinen) – damit hat sich leider die Gewandhaushistoriographie bisher nicht beschäftigt.

UH

Leipzigs erster *Italiener Keller*

Im vornehmsten und schönsten Durchgangshof-Neubau des frühen 18. Jahrhunderts (Markt 11/Klostergasse 12, erbaut von Gregor Fuchs 1708/14), befindet sich seit 1710 im oberen Kellergeschoß des Marktgebäudes (Eingang im Durchgang rechts) Leipzigs erster *Italiener*. Benannt nicht etwa, wie heute zu vermuten wäre, nach einem italienischen Betreiber oder nach der Küche (Makkaronie oder Pasteten italienischer Machart kennt man in Leipzig schon lange), sondern in erster Linie nach dem Südfrucht- und Weinangebot, das vornehmlich aus Italien stammt. Derartige *Italienische Keller* gibt es später noch mehrere. In den Adreßbüchern des 18. Jahrhunderts taucht unser Keller mit dem Namen des jeweiligen Betreibers als *Weinschenke unter Hohenthals Haus am Markt* (1784) auf, weil der Bauherr Hohmann ab 1707 geadelt war und mit dem Namen von Hohenthal nobilitiert ist. Vermutlich ist der Keller bis Mitte des 18. Jahrhunderts – wie übrigens viele der Leipziger Gastgewerbebetriebe – nur während der Meßzeiten geöffnet. Ansonsten lohnte sich das Geschäft nicht.

Im Jahr 1813 pachtet der aus Lauchstädt kommende Johann Jakob Aeckerlein für 300 Taler jährlichen Mietzins den Keller nebst der dazugehörigen Küche. Kurios ist eine Vereinbarung im Mietkontrakt: Der offenbar sehr geruchsempfindliche Hausbesitzer von Hohenthal verlangt, daß die Fenster der Kellerküche niemals geöffnet werden dürfen, um das Aufsteigen der Kochdämpfe

Hugo Steiner Prag, *Aeckerleins Keller*, Federlithographie, 1905

zu verhindern. Im Gegenzug verpflichtet er sich, dafür Sorge zu tragen, daß die Nachttöpfe seiner Familienmitglieder nicht in die Etagen-Ausgüsse entleert werden, damit es unten, wo gekocht wird, nicht zu Latrinengeruche kommt!

Sollte jemand fragen, was die Küche des Speisewirts Aeckerlein zu bieten hatte, so ist glücklicherweise Antwort möglich. Am 17. Mai 1829 beispielsweise steht auf der Karte:

Suppe	gratis
Caviar	6 Groschen
Forellen	6 Groschen
Karpfen blau	5 Groschen
Lachs	6 Groschen
Rostbif mit Kartoffeln	5 Groschen
Geräucherte Rindszunge mit Spinat	5 Groschen
Geräucherte Rindszunge mit jungen Bohnen	8 Groschen
Gespickte Kalbskeule mit Madeirasauce	5 Groschen
Schöpsenbraten	5 Groschen
Schmalhirsch	6 Groschen
Junge Gans	5 Groschen
Gebratener Truthahn	5 Groschen
Junger Hahn mit Champignonsauce	6 Groschen
Junger Gurkensalat	2 Groschen
Compott	2 Groschen
Sardellensalat	8 Groschen
Heringsalat	6 Groschen
Marinierter Hering	4 Groschen

Ab 1830, nachdem der rührige Aeckerlein von der Familie Hohmann-Hohenthal Haus und Hof erworben hat, trägt *Aeckerleins Keller* nun auch seinen Namen.

158

Petters Hose, Federzeichnung 1921

Den zweiten Stock des zum Markt liegenden Hauses
vermietet der Gastwirt 1830 sofort komplett an den
Bürgerklub »Erholung«. Er sichert sich selbstverständlich die Bewirtschaftung der Räume mit den entsprechenden Nebeneinnahmen (z. B. Beleuchtung mit
Wachslichtern u. ä.). Nach Aeckerleins Tod (1841)
wechseln Pächter und Besitzer in bunter Folge – wir
können sie hier nicht alle aufzählen –, trotz aller Ver-
schiedenheiten haben sie doch bis 1944 (Zerstörung des
Gebäudes beim Bombenangrif, endgültiger Abbruch

1960) eines gemeinsam: Sie alle vermehren systematisch die Aura des Weinkellers, dessen Namensgeber schon lange auf den Johannisfriedhof umgezogen ist.

So gilt *Aeckerleins Keller* als teure Nobeladresse, als er nach 1900 von Fertsch & Simon, die bereits seit etwa 1850 den zweiten Keller und einen Weinladen im Haus hatten, betrieben wird.

Viele Geschichten sind in *Aeckerleins Keller* erfunden und als wahr erzählt worden. Kein Wunder, existiert er als Ausschankstätte doch mehr als 250 Jahre. Wollte man nur die berühmtesten Gäste aufzählen, hätte man Seiten zu füllen. An der Legende »ihres« Etablissements wirken nicht nur die Gäste, sondern auch die Wirte mächtig mit, sogar mehrfach in gedruckter Form. So läßt 1921 Curt Däweritz ein amüsant-witziges Buch herausgeben, das der »Verherrlichung einer Stätte dionysischer Opfer und kapaunischer Tafelfreuden« gewidmet ist. Wenigstens eine von den als wahr verbürgten Hausgeschichten sei hier erneut erzählt: *Aeckerleins Keller* ist während der Leipziger Messen Haupttreffpunkt von Verlegern, Buchhändlern und Autoren. Während eines Trinkgelages »unter Kollegen« verliert im Jahr 1899 der Heidelberger Verleger Petters eine Wette. Als Strafe muß er unter den Augen aller Anwesenden (auch der Damen) seine Hose ausziehen und mit letzterer als Bettelsack herumgehen, um Geld einzusammeln, das bedürftigen Buchhandelsangestellten zugute kommt. Über Jahre wird fortan zur Buchmesse mit einer Nachbildung von »Petters Hose«, die Lehrlinge der Buchhändlerlehranstalt anfertigen, in *Aeckerleins Keller* ein entsprechender Solidarbeitrag eingefordert, den die betuchteren Buchhändler in Erinnerung an das Spektakel nur gar zu gern geben.

Es gibt derzeit Überlegungen, den sozialistischen Neu-

160

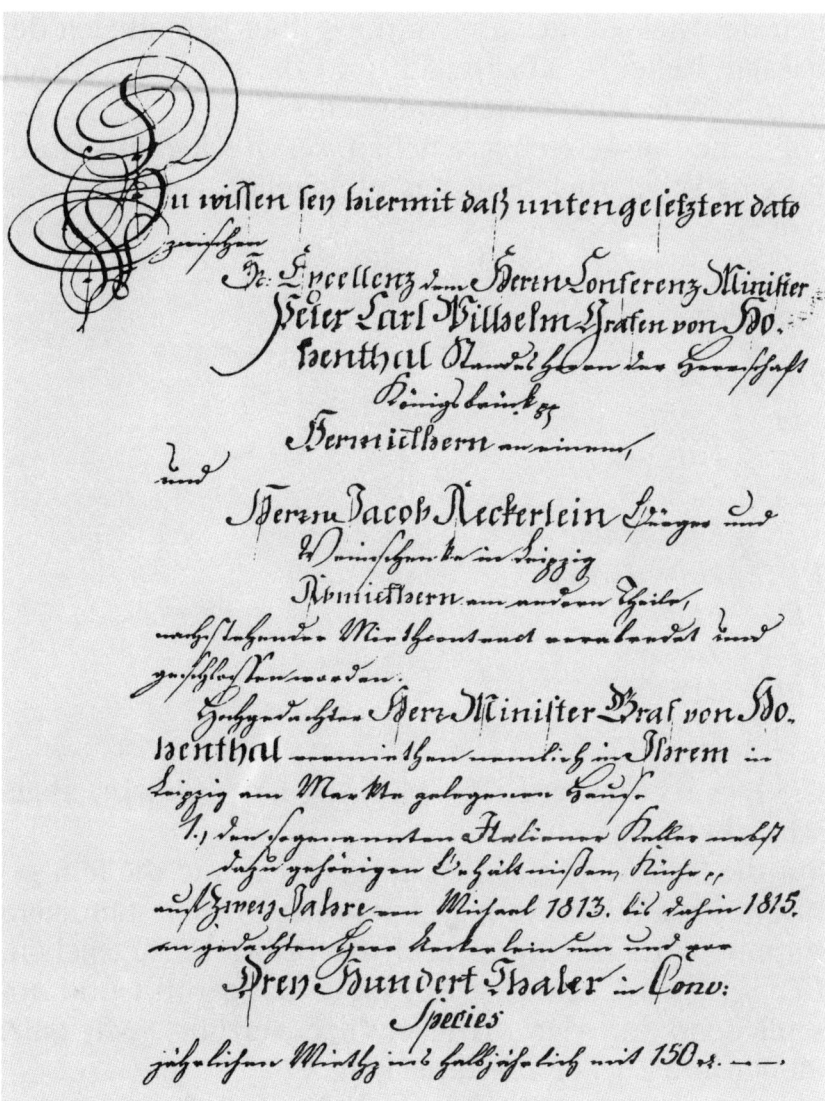

Mietkontrakt zwischen Aeckerlein und Hohenthal, 1813

bau des Messeamtes am Markt – hier befand sich der besagte Keller – abzureißen und die barocke Häuserfront wieder auferstehen zu lassen.

Sollte dies tatsächlich geschehen, sei »Aeckerleins Hose« für eine Wiederbelebung des Weinkellers gestiftet!

UH

Saure Eier

6 – 8	*Eier*
50 g	*Senf*
30 g	*Fett*
25 g	*Mehl*
⅛ l	*Fleischbrühe*
1	*kleine Zwiebel*
1 EL	*Essig*
4 g	*Zucker*
1 EL	*Salz*
	Pfeffer

Die Eier werden etwa 11 Minuten hart gekocht, abgeschreckt und geschält.

Für die Soße wird das Fett ausgelassen und die fein gehackte Zwiebel darin glasig gebraten. Unter ständigem Rühren wird das Mehl und die Brühe hinzugegeben. Der Senf wird zunächst mit Essig glattgerührt und anschließend mit der Mehlschwitze verrührt. Mit Salz, Pfeffer und Zucker abschmecken.

Die Eier werden ganz oder geteilt in die Soße gegeben.

»Ihr naht euch wieder,
schwankende Gestalten ...«

Mit diesen sechs Worten beginnt die deutsche Natio-
naltragödie – spricht Goethes »Faust«. Sie werden im
modernen alltäglichen Sprachgebrauch ebenso häufig
deplaziert, aber treffend zitiert – wir tun dies soeben
auch – wie der bekannte Spruch »Mein Leipzig lob ich
mir! Es ist ein Klein-Paris und bildet seine Leute«, auf
den nachfolgend gekommen wird. Wen wunderts?
Wenn Leipzig schon keinen weltbekannten Dichter her-
vorgebracht hat, so können seine Bewohner wenigstens
darauf stolz sein, der bekannten deutschen Dichtung
einen realen Handlungsort geliefert zu haben, den jeder
Einheimische und Fremde bis heute besuchen kann.
Als der sechzehnjährige Goethe 1765 nach Leipzig
kommt, haftet *Auerbachs Keller* schon mehr als 150
Jahre der unheimlich-schauerliche Ruf an, daß sich hier
der Schwarzkünstler Dr. Faustus auf einem Weinfaß
reitend aus dem Staube gemacht habe! Zum Beweis der
Wahrheit dieses seltsamen Rittes werden schon lange
vor Goethes Zeiten zwei Bilder – noch heute zu bewundern – gezeigt, auf denen das unerhörte Ereignis, das
angeblich zur Ostermesse 1525 stattgefunden haben
soll, malerisch und mahnend festgehalten ist. Daß die
ursprünglich nicht lokalisierte Faustsche Faßritt-Le-
gende (die 1589 erstmals in einem gedruckten Volks-
buch auftaucht) wenige Jahre später mit dem Weinkeller im Leipziger Hofgrundstück des berühmten Arztes,

Moritz Retzsch, Illustration zur Szene in *Auerbachs Keller*,
Umrißradierung

Ratsherrn und Weinwirts Heinrich Stromer von Auerbach in Zusammenhang gebracht und fortan untrenn-
bar mit diesem verbunden ist, hat zwei Gründe: *Auerbachs Keller* genießt im 16./17. Jahrhundert, wenn es
um Weine geht (Lager, Umschlagplatz, Ausschank),
deutschlandweit einen etwaigen Größenordnungsruf
wie heute der Frankfurter Flughafen, wenn es um Luft-
verkehr geht. Jeder kennt ihn oder hat von ihm gehört:
Wenn also im 16. Jahrhundert aus irgendeinem deutschen Weinkeller unerhörterweise jemand auf einem
Faß herausgeritten sein soll, kann es sich eigentlich nur
– man bedenke, daß die meisten Geschichten um 1600
nicht gelesen (wer konnte das schon!), sondern erzählt
werden – um *Auerbachs Keller* in Leipzig handeln.
Oder? Daß die »Auerbachschen« Weinschenken, Besitzer oder Kellermeister – zwar voller Respekt (man
kann ja nie wissen!) – aber nachhaltig ihre etwas un-

heimliche Hauslegende pflegen, versteht sich von selbst. Wer hat schon einen »Schwartzkünstler« oder den Leibhaftigen selbst als gewesenen prominenten Gast aufzuweisen? Bereits der Auftrag im Jahr 1625 an den Leipziger Maler und Kupferstecher Andreas Bretschneider, zwei große »Gastgewerbeschilder« mit Faust-Szenen anzufertigen – sowohl zum 100. Geburtstag des Weinschankes als auch zum 100. Jahrestag des fabelhaften Auftrittes der zwei Herren –, spricht beredte Sprache davon, welch werbender Effekt bereits damals vom Urenkel des Kellergründers durch den zurückdatierten Hinweis (eins der Bilder ist mit der Jahreszahl 1525 versehen) auf prominente Gäste gezielt eingeplant wird.

Jedenfalls hat sich auch Goethe so beeindrucken lassen, daß er *Auerbachs Keller* als einzigen realexistierenden Szenenort in das Faust-Drama aufnimmt. Was ihm logischerweise wiederum Jahre später – obwohl bei Goethe keiner auf einem Faß reitet – von den jeweiligen lokal-patriotischen Betreibern gedankt wird: 1867 wird der Faßkeller mit historistischen »Faust«-Szenen ausgemalt. Auch der Kofferfabrikant und Kommerzienrat Anton Mädler, der 1911 als Neubesitzer von Hof und Keller alles abreißen (und durch die Mädlerpassage ersetzen) läßt, hält sich 1912 im rekonstruierten *Auerbachs Keller* ans historische Ambiente, indem ein Goethe- und ein Luther-Keller ausgeziert werden. Und als Draufgabe zusätzlich: Ein riesiger Hängeleuchter aus bunt bemaltem Holz, unter anderen mit Faust auf dem Faß (Arbeit von Max Stolz, 1913), wird ans Tonnengewölbe befestigt. Und damit man auch gleich in der damaligen (und heute wiederum) Nobel-Passage weiß, wo es langgeht, stehen zwei überlebensgroße Plastikgruppen (Arbeiten von Mathieu Molitor, 1913) links und rechts an den Kellertreppeneingängen. Rechts: Zwei Studenten halten den dritten, sehr erbosten Kommilitonen fest, der mit geballter Faust auf Fausten loszugehen scheint. Wahrscheinlich ist es der, zu dem Mephisto gerade gesagt hat: »Still, altes Weinfaß!« Links: Der Hinkefuß reckt einen Arm in die Ferne und weist auf neue, attraktivere Genüsse als die Kannibalisch-wohl-500-Säue-Party in *Auerbachs Keller*, die den überstudierten Dr. Faust – der grüblerisch-sinnend zu Boden blickt – nicht eben glänzend amüsiert hat.

Die über 550jährige Historie von *Auerbachs Keller* ist von einem halben Dutzend Autoren gründlich beschrieben worden (die wichtigsten stehen im Literaturverzeichnis). Und noch mehr bildende Künstler – von Moritz Retzsch über Max Slevogt bis zu Bernhard Heisig – haben in ihren »Faust«-Illustrationen die Szene in *Auerbachs Keller* dargestellt. Alle diese Bilder nebeneinandergelegt oder an die Wand gehängt – warum eigentlich nicht am Ort des Geschehens? – machen zusammen einen so fabelhaft-phantastischen Eindruck, daß man sofort die dritte Flasche Wein bestellen muß.

Wirklich »geistig erlebbar« wird das Gemäuer heute eigentlich nur – Tip für alle Fremden – wenn man sich mit alten Leipzigern (männlichen und weiblichen Geschlechts) für einen Abend zusammentut, die man daran erkennt, daß sie sich zu nächtlicher Stunde auf der Straße begrüßen mit »Ihr nn-naht euch wieder, schw-schwankende Gestalten«. Falls sie in der Innenstadt nicht zu finden sind, braucht man nur in das – nebenbei ebenfalls »Faust«-ausgemalte (!) – *Boccaccio* (Kurt-Eisner-Straße 43) zu gehen. Dort stehen sie alle am Tresen.

UH

»Mein Leipzig lob ich mir ...«

Den zweiten Krieg und die spätere Verfallsförderung hatten immerhin einige imposante Bauwerke im Straßendreieck zwischen der Richard-Wagner-Straße, dem Brühl und dem Hallischen Tor halbwegs intakt überstanden. Ihr Ende war besiegelt, als etwa 1960 der SED-Chef Paul Fröhlich und etliche andere fröhliche Genossen an Stadtgestaltungswut erkrankten und im Vollbesitz ihrer kindlichen Gemüter Architekturwünsche äußerten, die selbstverständlich von hochbezahlten Architekten »weiterentwickelt« und gebaut wurden. Mit dem Abriß des gründerzeitlichen Gebäudeteiles, in dem sich zuletzt die Schnellgaststätte *Am Hallischen Tor* befand, hatten die Verunstalter keine Probleme. Aber an dem Betonbau des Messehauses Union am Brühl bissen sich die Preßlufthämmer fast die Zähne aus. Der Sozialismus siegte aber doch! Und nun ragen am selbigen Ort eben ein paar hochkant aufgestellte überdimensionale Zigarrenkisten empor, in denen jegliche Erinnerung an städtische Historie längst wie uralte Tabakreste verschrumpelt wäre, hätte nicht irgendeiner den Slogan »Mein Leipzig lob' ich mir« nebst grusliger Goethe-Silhouette in umwelt-erleuchtenden Lettern auf das Dach montieren lassen. Jeder Deutsch-Oberlehrer entsetzte sich darüber, aber die meisten anderen Leipziger waren und sind der Meinung, die Äußerung stamme von einem gewissen Geheimrat aus Weimar.
Naja.
Nanee.

Naja, wenn man des dümmlich-überheblichen, besoffenen Studenten Froschs Leipzig-Lob im »Faust« kontextlich zur Kenntnis nimmt, wird man sich wohl eher für ein ›Nanee‹ entscheiden: Faust und Mephisto betreten *Auerbachs Keller*, wo die Studenten schon mächtig bei der Sache sind.

>*Mephisto (zu Faust):*
Ich muß dich nun vor allen Dingen
In lustige Gesellschaft bringen,
Damit du siehst, wie leicht sich's leben läßt.
Dem Volke wird hier jeder Tag ein Fest.
Mit wenig Witz und viel Behagen
Dreht jeder sich im engen Zirkeltanz,
Wie junge Katzen mit dem Schwanz.
Wenn sie nicht über Kopfweh klagen,
So lang der Wirt nur weiter borgt,
Sind sie vergnügt und unbesorgt.
Brander:
Die kommen eben von der Reise,
Man sieht's an ihrer wunderlichen Weise;
Sie sind nicht eine Stunde hier.
Frosch:
Wahrhaftig, du hast recht! Mein Leipzig lob ich
mir!
Es ist ein klein Paris, und bildet seine Leute.
Siebel:
Für was siehst du die Fremden an?
Frosch:
Laß mich nur gehn! Bei einem vollen Glase
zieh ich, wie einen Kinderzahn,
den Burschen leicht die Würmer aus der Nase.«

Nun, die Würmer zieht das Fröschlein dem mächtigen Mephisto nicht aus der Nase, sondern in wenigen Minuten wird er mit dem Messer an den Nasen seiner

Freunde herumfuhrwerken! Auch in Erinnerung an seine Leipziger Luder- und Lotter-Zeit wird es wohl Goethe nicht eingefallen sein, ausgerechnet die durch die ganze Szene konsequent dümmelnde Figur des Frosch als Selbstporträt angelegt zu haben.

Ach, wir armen Leipziger: Ist es nicht schon bitter genug, erfahren zu müssen, daß die von Beethoven vertonte Ode »An die Freude« des Herrn Schiller die in Jena verfertigte endgültige Fassung des Gedichtes ist, das er in Gohlis nur konzipiert hatte? Nun soll auch noch das Sprüchlein im »Faust« nur ironisch gemeint sein? Gewiß. Aber tragen wir es mit Fassung, daß wir dem undankbaren Halodrie – der sich öfters äußerst lustig gemacht hat über unsere Leipziger Voreltern – ein Denkmal gesetzt haben: Den Tourismus in unserer Stadt hat er allemal befördert.

AR

Leipziger Schlachteplatte

4	*kleine Blutwürste*
4	*kleine Leberwürste*
4	*Knacker*
200 g	*Wellfleisch*
200 g	*Hackepeter*
	Salz, Pfeffer

Der Hackepeter wird mit Salz und Pfeffer gewürzt und zu kleinen Klößchen geformt. Mit allen übrigen Zutaten werden das vorgekochte Wellfleisch und die Hackfleischklößchen in leicht gesalzenem Wasser gebrüht. Danach abtropfen lassen und auf Tellern mit Sauerkraut, Brot und Butter servieren.

Aufbesserung des Internatsessens im 19. Jahrhundert oder die Leipziger »Wurstsatzliteratur«

Zweimal in der Woche steht traditionell als Abendbrot im Leipziger studentischen Konvikt (ehem. Paulinum) Brot, Butter und Käse auf dem Programm – nichts weiter. Die etwa 280 Studenten, die Ende des 19. Jahrhunderts die Konviktsjahrgänge bilden, sitzen zu zwölft an 24 Tischen und rümpfen an diesen Tagen murrend die Nasen ob des »ollen Käse«, den es schon wieder gibt. Wer es sich irgendwie leisten kann, bestellt für sich und seine Tischgenossen deftige Würstchen mit Salat, die extra bezahlt werden müssen. Manchmal legen die Herren Studenten zusammen, wenn sie keinen am Tisch zum »Ausgeben« der Würste animieren können. Von den 24 Tischen schaffen es trotz großer Anstrengungen nicht mehr als durchschnittlich drei, das obligate Käseabendbrot mit den attraktiveren Würstchen zu vertauschen. Die Ankunft der Würste – nach bestandenen Examina, wo man welche »ausgeben« muß, oder etwa nach Stipendienzahlungen – meldet der entsprechende Zwölfer-Tisch lautstark dem gesamten Saal (und jetzt kommen wir zur Wurstsatzliteratur) mit einem Zwei- oder Vierzeiler, der das Wort »Wurst« enthalten muß und im Chor gerufen wird. Beispiele dieser Leipziger Reim-Dich-oder-ich-freß-Dich-Alltagsliteratur sind:

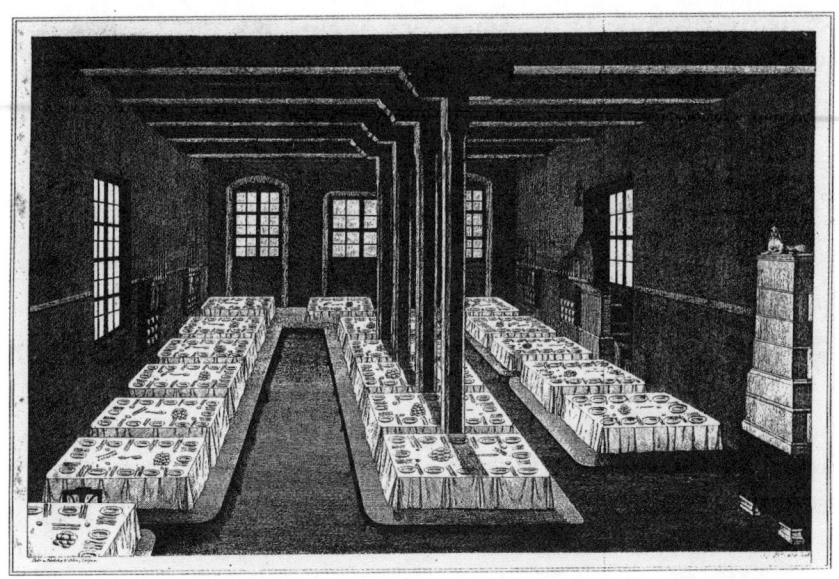

Speisesaal im Paulinum, wo die »Wurstsatzliteratur« erfunden wurde,
Lithographie um 1830

Käse, Brot und dazu Butter sind das allgemeine
Futter.
Aber hier! Es ist ein Staat: Warme Würste und
Salat.

Der Käse ist uns zu gemeene,
Ein Wurstsatz aber, der schmeckt scheene.

Einmal im Jahr, am Tag der heiligen Anna, erhalten
aufgrund einer Uraltstiftung einige Dutzend Studenten
24 Kreuzer »Kirschengeld«. Viele kaufen sich davon
aber nicht frische Kirschen, wie von der Stiftung beab-
sichtigt, sondern beim nächsten Käse-Abendbrot ertönt
statt dessen:
Gepriesen sei die heil'ge Anna
Die uns heut speist mit Wurstsatz-Manna.
Nahezu jede Tagesaktualität politischer, sozialer oder

171

wirtschaftlicher Dimension ist geeignet, den Stoff eines Wurstsatzverses zu liefern. Der Burenkrieg wird kommentiert:

> In Kimberley und Ladysmith
> Da gibt's nicht viel zu speisen;
> Wir essen lieber Wurstsatz hier
> Als dort ins Gras zu beißen.

Ebenso die befürchtete Ankunft des Halleyschen Kometen:

> Und geht die Erde auch in Fetzen,
> Wir woll'n am Wurstsatz uns ergötzen!

Hunderte von Wurstsatzversen sind »gedichtet« und später überliefert worden, mit dem literarisch einsichtsvollsten hören wir auf:

> Wenn jener Tisch doch's Dichten ließe
> und lieber seinen Wurstsatz frieße!

UH

Eiersalat

8 – 10 Eier
200 g   Mayonnaise
Sahne, Senf, Zucker, Salz, Pfeffer

Die Eier werden etwa 11 Minuten hart gekocht, abgeschreckt und geschält. Anschließend werden sie in kleine Stücke geschnitten und mit Salz, Pfeffer und etwas Zucker und Senf abgeschmeckt. Die Mayonnaise wird mit wenig Sahne vermischt und zu den Eiern gegeben. Den Salat kühl halten und etwa 1½ Stunde ziehen lassen.

Das Bier heißt Gose

Zwei Lesarten haben die Historiker zur Herkunft des Wortes Gose anzubieten: Das obergärige Weißbier stamme ursprünglich aus Goslar, das von einem Rinnsal namens Gose durchflossen wird. Deshalb der Name Gose, vergleichbar den Mosel- oder Elbweinen, die auch nach den Flüssen benannt werden, an deren Hängen die Trauben reifen. Andere halten für möglich, daß das niederländische Wort Geuze (= urspr. Bettler, ab 1565 »Volksbefreiungskämpfer«) mit den flämischen Einwanderern im 16. Jahrhundert nach Deutschland gelangt sei (natürlich auch nach Leipzig, z.B. gilt in Connewitz bis 1536 flämisches Erbrecht, und nicht etwa kursächsisches!). Daß die sich in Leipzig oder Halle ansiedelnden Flamen im 16./17. Jahrhundert ein exzellentes Weißbier zu brauen wußten, will man gern glauben, denn das tun sie bis heute (man probiere das Hoogaarden in Lüttich!) – zumindest in ihren Provinzen, die seit 1830 Belgien genannt werden.

Als Corvinus 1715 sein Lexikon in Leipzig herausgibt, vermeldet er aber weder eine Gose noch eine Geuze. Wohl kennt er ein Weißbier – dies heißt allerdings Breyhahn. Von einer ungebrochenen flämischen obergärigen Braukunst in Sachsen oder Anhalt kann man wohl nicht ausgehen, auch wenn das Weißbier angeblich schon seit 1728 in der *Gosenschänke* (Eutritzscher Markt 7) in Fässern heranreift und nachweislich ab Mitte des 18. Jahrhunderts in verschiedenen Gasthöfen und Kuchengärten (auch bei Händel) regelmäßig ausgeschenkt wird. Gose kommt im 18. Jahrhundert in die Messestadt vornehmlich aus Sandersleben, Sören, Glauzig (hier wird auch die typische Langhals-Goseflasche erfunden) und Sausedlitz.

Als der Jungunternehmer Goedecke das Rittergut Döllnitz bei Halle ab 1827 zur Gosebrauerei ausbaut, stellt er damit alles bisherige weit in den Schatten. Er schafft ein modernfrühkapitalistisches, weitverzweigtes Marktsystem, das er monopolartig beherrscht. In und um Leipzig und Halle schießen Dutzende von Gosestuben und -schenken aus dem Boden, die fast alle von der Döllnitzer Rittergutsbrauerei beliefert werden.

Gose entwickelt sich nun tatsächlich zu einem Lokalgetränk, dem eine ideologische Anmutung von »kleinbürgerlich-patriotischer« Gesinnung angedichtet wird. Ein starkes Magennaturell muß man außerdem haben, denn die Bekömmlichkeit der Gose scheint ein ungeklärtes Problem gewesen zu sein, will man den Überlieferungen glauben. Allzuoft wiederholen sich die beschwörenden Behauptungen, daß sie »ohne Bedenken« zu trinken sei, und nicht weniger häufig sind poetische Warnungen, deren ungeschminkter Klartext lauten müßte: »Paß off mit dr Gose, se geht in de Hose!« Die Leipziger Gosenbrüder, die an das Getränk gewöhnt waren, hatten damit natürlich keine Probleme: »Die Königin der Getränke, an Geruch dem besten Ammoniak, an Geschmack der echten englischen Schwefelsäure, an Farbe den lehmigen Fluten des Nils gleich ...«, tat ihnen nichts. Bei Fremden dagegen konnte sie wie Rizinusöl wirken, wie ein erboster Messeneuling 1856 verbittert notiert und sich zu der Zusammenfassung hinreißen läßt, dieses Getränk sähe aus und schmecke wie Bier, das vor ihm schon einer getrunken habe.

Cajeris berühmtes Gosen-Restaurant an der Pleiße, Foto um 1890

Nach 1945 beginnt der Gosestrom sukzessive zu versiegen, bis er 1966 gänzlich austrocknet. Traditionsbewußte Leipziger Gastwirte versuchen seitdem unablässig, wenigstens eine der Gosestuben erneut zu beleben, was mit der Wiederinbetriebnahme der rekonstruierten (seit 1958 geschlossenen) *Gosenschenke Ohne Bedenken* (Menckestraße 5) im Jahr 1986 auch gelingt. Nur mit der Gose hapert es anfänglich. Aber seit Mai 1991 ist sie wieder da, nunmehr gebraut in Dahlen unter dem Zeichen des Löwen. Ganz brandaktuell (Mai 1993) ist die Nachricht, daß die schon aufgegebene *Gosenschänke* (Eutritzscher Markt 7) einen Haus- und Hofbesitzer gefunden hat, der das Kleinod wieder herstellen will. Die Leipziger werden es ihm danken.

UH

Ohne Bedenken nach 1958

Als Herr Matthies, der gewaltig übergewichtige Wirt der letzten Gosenschenke herzflattrig sein Etablissement in der Menckestraße seiner dröhnenden Anwesenheit beraubte, überkam die Herren im Rat des Stadtbezirkes die Idee, das historische Lokal zum »Kulturzentrum Nord« umzumodeln.

Das altmodische Interieur war dank ausgeprägter Abrißerfahrung der Banausen binnen kürzester Zeit demontiert beziehungsweise demoliert, und unter anheimelnden Neonleuchten fanden fürderhin am Ort Handarbeits-Abende ebenso wie Dichterlesungen statt.

Höchste kulturelle Errungenschaft der Einrichtung war das »Fernsehzimmer«, denn zu jener Zeit mußte man schon reichlich privilegiert sein, um sich einen eigenen Televisor leisten zu können. Und so hockten allabendlich die kleinen Leute aus der Umgebung durstig in ihrer ehemaligen Kneipe vor dem flimmernden Bildschirm und begafften die Dummdideleien aus Adlershof.

Matthies aber, verbittert auch darüber, daß seine ehemaligen Gäste den Kultur-Schuppen nicht mieden, knurrte: »Sollen sie sich doch dummgucken, wie die Barbaren anderswo hausen, nachdem sie durch mein Lokal *Ohne Bedenken* marodierend durchgezogen sind«.

AR

Leipziger Gosenstube (bisher nicht identifiziert), Foto um 1890

Gastfreundliche Gastronomie

Der welt-erfahrene Lyriker Erich Arendt hatte sich, seines Freundes Georg Maurer harrend, Anfang der sechziger Jahre in die folkloristisch verschnitzelte Kneipe *Am Gohliser Schlößchen* (Menckestraße 24) begeben. Und bestellte nach ägäischem Brauch, um »nicht trunken zu werden«, nebst seinem Schoppen Rotwein auch eine Scheibe Weißbrot.

»Weißbrot gibt's bei uns nur zu 'ner Bockwurst!« sagte der Kellner.

Arendts Begleiter tuschelte dem Gastronomen was von »berühmt« und »Nationalpreisträger« betreffs des Meisters zu. Der nicht übermäßig beeindruckte Servierer verkündete darauf: »Na gut, geb'ch dem Alten ehm een Rungksen! Den gann er ja in seine Blärre ditschn!«

AR

Rührei mit Schinken

6 – 8	Eier
125 g	gekochter Schinken
8 EL	Milch
50 g	Butter
	Salz, Pfeffer

Die Eier werden mit der Milch und je einer Prise Salz und Pfeffer kräftig gequirlt. Anschließend werden die Eier in heiße Butter gegossen und unter ständigem Abheben zum Gerinnen gebracht. Der Schinken wird in kleine Würfel geschnitten und unter die Eier gemischt.

Königliche Sprachverwirrung

In den frühen sechziger Jahren hatte der Liedermacher-Frischling Hartmut König, weiland Journalistikstudent in Leipzig, die Singeclubhymne »Sag mir, wo du stehst ...« abgesondert – die übrigens pikanterweise Ende jenes Jahrzehnts ob ihrer »Klassenindifferenz« als unerwünschter Choral der politischen Häftlinge in Cottbus fröhliche Urständ feierte.

Damals jedoch, lange vor seiner steilen Verfettungskarriere im FDJ-Zentralrat, versuchte der Jüngling noch unbedarft ein wenig zu biermänneln. Da lag es in Leipzig nahe, mich um Rat zu fragen, wie man die Rolle des literarischen Aufmüpferlis spielt. Wir trafen uns im verwahrlosten *Hotel Hochstein* am Bayrischen Bahnhof, das trotz (oder wegen?) des eintägigen Aufenthalts des bärtigen Propheten aus Trier offensichtlich seitdem nie wieder mit einer Maurerkelle oder einem Malerpinsel in Berührung gekommen war. Und wir schlückelten während unseres etwa fünfstündigen Aufenthaltes in der Kaschemme krampfhaft zurückhaltend jedweder drei große Gläser Bier.

Zwei Tage später steckte eine Blabla-Postkarte des Barden in meinem Briefkasten. Das Postscriptum lautete: »Das SAUFEN gestern war prima!«.

»Dieser«, sagte ich mir, »wird sich seines Dichter-Traumes entledigen müssen. Er ist ja jetzt schon begrifflich so heruntergekommen, daß nur noch einer bevölkerungsfernen Funktionärskarriere nichts mehr im Wege steht.«   AR

Wenn ich an Georg Maurer denk'

Ein Leben für die Dichtung! – Doch nicht minder
ein Leben, Meister, für die Anekdote:
wir tranken roten Wein im Abendrote,
und unterm Hintern Bordstein! Und: Im Winter!

Welch Inszenierung einer Lockerheit!
Nun ist sie also spruch-reif, wie Sie's planten.
Leibhaftig werden alle, die Sie kannten,
den Fakt bezweifeln. Gut so! Seinerzeit

erklärten Sie: »Die müssen von dir reden.
Weshalb und wie ist gleich!« O Marktwirtschaft,
mir auf dem Rinnstein ahnungsvoll erhellt!

Nun meng' ich in Gazetten mich in jeden
Gezwerge-Krieg und spend' Gerüchten Kraft,
weil sonst die Muse mir vom Fleische fällt ...

AR

Ein Empfang um 1965

Im Jahre vier nach der Mauer wurde am Augustus-platz, der damals Karl-Marx-Platz hieß, ein protzig-klotziges Bauwerk namens *Interhotel Deutschland* ent-hüllt. Später, als der Status quo des Zweistaaten-Gebil-des den Geruch von Ewigkeit auszuströmen begann, stülpte man dem Ding den ideologisch keimfreien Na-men *Hotel am Ring* über. Nun wird es wieder *Hotel Deutschland* geheißen. Und der Karl-Marx-Platz, dessen Bezeichnung bereits 1929 von den Sozialdemokraten in der Stadtverordnetenversammlung vorgeschlagen wor-den war, ist wieder der Rühmung eines Monarchen ge-weiht. So machen wir uns konsequent zum August.

Also, als die nach dem Nobel-Popel-Geschmack der Funktionäre ausgestattete Absteige noch bombastisch als Interhotel firmierte, zelebrierte das Direktorat des Institutes für Literatur ›Johannes R. Becher‹ dort einen Empfang. Den Vorwand für den ungewöhnlichen Auf-wand lieferte der zehnte Geburtstag dieser Klippschule für vorwiegend ältere Leute mit pubertärem Schreibta-lent, denen die hehre Aufgabe zuteil geworden war, die »sozialistische Nationalliteratur« aus der Feder tröpfeln zu lassen. An jenem Tag ahnten wir Studenten freilich noch nicht, daß einen Monat später das Schriftsteller-Schlachtfest des 11. Plenums des ZK der SED stattfinden würde. Und so war auch für jene Kommilitonen, die eigentlich schon zum Verlassen des Schulbänkchens oder gar des Staates verurteilt waren, der Empfang so etwas wie Weihnachten in Wandlitz.

Wußte Max Walter Schulz, Institutsdirektor und ZK-Mitglied, zu dieser Stunde wirklich noch nicht, welch giftig Süppchen die Genossen angekocht hatten? Mancher von uns verschlang an der sich biegenden Tafel eine Henkersmahlzeit ... Aber was für eine! Wie duftete süß uns das herbe Bukett der ansonsten nur mit Devisen erwerblichen Meißner Weine! O Hummer-Rot und Schinken-Rot und Lachs-Rose auf dem kalten Buffet ... Und Dialoge wie: »Was iss'n das?« »Was? Das is 'ne Ananas!« Welch Unmaß an Bildung! Auch war der gespickte Rehrücken garniert mit vielfarbenem, gehacktem Aspik: Dünkte uns nicht (und damals dünkte es uns ziemlich oft), es wäre eine Schütte von Smaragden, Rubinen und ähnlichem Plunder aus Tausendundeiner Nacht? Zugegeben: Mit dem reichlichen Wodka kamen wir besser zurecht als mit den erlesenen Speisen. Obwohl auch er nicht unserer auf Adlershofer Destillat fixierten Geschmacksprägung entsprach. Aber nicht nur die rustikalen Kumpel, die ausgezogen waren, die Literatur um Nichts zu bereichern, vergurgelten den Schnaps nach der Freunde eingebildetem Vorbild: Werner Bräunig, der Erfinder der »Greif-zur-Feder-Kumpel«-Losung, soff. Die Raischiess soff. Helga M. Novak soff. Kurt Bartsch, Gerd Eggers, Axel Schulze und natürlich unsereiner soffen. Georg Maurer nippte am Kognak.
Die amtlichen Rotwichte soffen.
Georg Maurer nippte am Kognak.
Alle soffen. Maurer ... usw.
Auch wurden zwischendurch ein paar Reden wie Fähnchen geschwenkt: Max Walter lobprieß an unserer Statt den Staat – vonwegen Förderung unseres Poesie-Vereins. Und Partei- und Staatsabgesandte rühmten die vermeintliche Bereitschaft der anwesenden Autoren, sie zu rühmen. Desgleichen besangen ein paar

hemdsärmelige Münchner Maler, die zum Beweis unserer Weltoffenheit herbeigekarrt worden waren, die Vorteile des Sozialismus, bevor sie nächsten Tages wieder masochistisch in ihre Nachteil-Gesellschaft zurückeilten.

Überdies wurde zwischen die alkoholschleppenden Kellner auch noch der damals obligate »kulturelle Teil« eingeschoben: Die Pfeffermüller verübten eine Stunde lang optimisitsche Kritik, und da war ein Gejuchze und Schenkelgeklatsche, als hätten die Kabarettisten es »denen da oben« soeben endgültig gegeben ... Aber der schönen Zusammenkunft Krönung war denn doch die Anwesenheit der lispelnden Witwe des Namenspatrons der sich feiernden Institution und die eines kleinköpfigen Kulturideologen namens Alexander Abusch. Der beiden Grußworte hatte zwar keiner so richtig zur Kenntnis nehmen können, weil die Gläserglocken so dröhnten ... Nur die Dozentin Trude Richter, weiland Sekretärin des Bundes proletarisch-revolutionärer Schriftsteller, plauderte mit den zwei Geschöpfen aus einer anderen Welt alters-heimlich über ihre klassenkämpferische Jugendzeit.

Doch dann – die Mitternacht kroch näher schon! – begaben sich greisenleise Sprach- und Denkfehler in ein Nebengemach. Und ein Garcon trug ihnen beflissen die einzige Schale mit güldenen Orangen vom kalten Bufett hinterher! Wir ihm nach. Und was sahen da unsere in Wodka schwimmenden Augen? Die Witwe des Ministers und der aufgestiegene Funktionär stopften sich eilig das heilige Obst in die Taschen!

Es war die robuste Litauerin Karin Raischies, die lautstark die sofortige Herausgabe des Volkseigentums forderte. Und wenngleich Lilly und Alexander stracks nach der demokratischen Beschlagnahmung ihres Diebesgutes den Tatort verließen, hatten sie doch unseren damals durchaus noch erschütterlichen Zweifel der in Lauterkeit Thronenden unfreiwillig zementiert.

AR

Käseauflauf

5 EL   geriebener Käse
4   Eier
¼ l   Milch
*   Butter, Salz, Pfeffer*

Der Käse wird mit 4 Eigelb, Milch, Salz und Pfeffer gut verrührt. Anschließend wird das geschlagene Eigelb untergehoben. Die Masse wird in eine Auflaufform gegeben, bei wenig Hitze etwa eine halbe Stunde gebakken und sofort serviert.

Die Stadtwanderungen der Leipziger Schwulen zur DDR-Zeit

Es ist merkwürdig: In jeder Gesellschaft, die ihre Minderheiten zu vertreiben sucht, wird eben diesen Verjagten der Vorwurf gemacht, sie seien ja nicht einmal seßhaft. Aber sobald selbige den Versuch unternehmen, auf irgendeinem kleinen Areal zu Stuhle zu kommen, wird ihnen diese Enklave unter dem Hinweis auf ihre »eigentlich doch nomadische Lebensweise« wieder streitig gemacht.

Zu den sichtbaren Herumgestoßenen in Leipzig gehörte auch die doch recht zahlreiche Minderheit der Homosexuellen, die sich offensichtlich jahrzehntelang weder vom bitterbösen »gesunden Volksempfinden« noch durch debile Drohgebärden der Staatsorgane von sich selber abbringen ließ. Es ist schon erstaunlich, mit welcher Hartnäckigkeit die Schwulen bereits lange vor Abschaffung des widernatürlichen Paragraphen 175 (1968) ihre Anwesenheit in aller Öffentlichkeit behaupteten: Als das *Tusculum* (ehem. Georgiring 12), dessen Publikum durchweg als verworfen galt, dem Neubau des Hochhauses Wintergartenstraße in den sechziger Jahren weichen mußte, zog die Bande – und allen voran die kreischenden Hühner der Spezies – in die Bar des gegenüberliegenden Hotels *Continental* um. Wie jeder Besucher dieser Stadt schon bemerkt haben dürfte: Leipziger Vögel nisten gern in unmittelbarer Bahnhofsnähe ...

War es ein Erfolg der ehemaligen Restaurantleitung bei der Durchsetzung ihrer verquasten sozialisitschen Moral, daß der scheckige Hafen alsbald geschlossen in das *Operncafé* umzog? Oder hatten die dortigen Herren vom Ballett etwas besonders An- und Ausziehendes? Oder war das gewachsene Selbstbewußtsein der Homosexuellen der Grund dafür, daß sie sich aus der düsteren Hotelbar in die Halle eines Großrestaurants wagten? Wie dem auch sei: Im »OP« konnte und mußte sich keiner mehr in einer Nische verstecken. Und es sahen auch die mit dem ladenneuen Coming out – das Wort existierte allerdings damals noch nicht – erstmals, daß sie sich mit ihrer »Andersartigkeit« keinesfalls in allerschlechtester Gesellschaft befanden!

Am 12. Januar 1968, fast dreiundzwanzig Jahre nach der Befreiung auch der wegen ihrer Homosexualität ins KZ verschleppten Menschen, trat ein neues Strafgesetzbuch der DDR in Kraft. In ihm war die Haftandrohung für gleichgeschlechtliche Beziehungen unter erwachsenen Männern nicht mehr enthalten.

Etliche Operncafébesucher und besonders der Intendant der Leipziger Theater, das ZK-Mitglied Karl Kayser, mögen mit sittlichem Entsetzen gesehen haben, welche Batterie von Sektflaschen an diesem Abend ihre Korken verschoß! Wer sich an die Stimmung in den Stunden der Maueröffnung 1989 erinnert, kann sich vielleicht vorstellen, welche Gefühle die ihr Leben lang Geschmähten und Verfolgten an diesem »Tag der Befreiung« im Winter 1968 zum Ausdruck brachten.

Und die zerbrechliche Frau Hahn – Garderobiere und mütterliche Trösterin der Liebeskummrigen – lachte und weinte mit.

Und da waren auch noch die Alten, die »ihre« Zeit im Versteck zubringen mußten, und weinten: Für wen die

Freiheit zu spät kommt, der deutet ein Lächeln nur noch als höhnisches Grinsen. Auch dieser Posten gehört auf die elende, offene Rechnung, die selbst Deutschland-einig-Vaterland gemeinsam nicht begleichen kann. – Indes: Zorn, wenn er redet, redet Worte, bis die Dummheit handelt: Eine Brandstiftung im Kulissendepot (nicht im Restaurant) des Opernhauses bot dem »General« Kayser 1975 endlich den ersehnten Vorwand, die vernagelte Vernaglung der Gaststätte »aus Sicherheitsgründen« vornehmen zu lassen. »Joi, Joi, Mama, was er alles kann!« quietschte die »Großfürstin« belustigt, denn mit dieser Aktion scheuchte der Prinzipal den eigenwilligen Klüngel gerade dorthin, wo ihn die Stadtväter am bedrohlichsten empfinden mußten: in den *Ratskeller* (Neues Rathaus). Bis dahin waren die innerstädtischen Restaurationen sozusagen »homofreie Zonen« geblieben. Zwar gab es schon lange auf der Zwischenetage des *Hennersdorf/Corso* (Gewandgäßchen 4, 1968 der Abrißbirne des Bezirksgouverneurs Paul Fröhlich zum Opfer gefallen) ein warmes Eckchen, und Nutten sowie Strichjungen scharwenzelten speziell zur Messe scharenweise durch das *Café Centra* (Peterstraße 26) und boten für sehr wenig Geld ein wenig Dienstleistung an. Aber konsequent besetzt hatten die »undurchsichtigen Typen« bislang noch keines der altehrwürdigen Vorzeige-Gasthäuser im Zentrum.

Der *Ratskeller* bot sich als Stützpunkt aus zweierlei Gründen an: Erstens lag er nahe der Schwulenmeile vom Schillerpark (Schillerstraße) bis hin zu den zwei Bedürfnisanstalten vor dem Neuen Rathaus, die sinnigerweise die Spitznamen »Der große« beziehungsweise »Der kleine Rathausmann« verpaßt bekommen hatten. Und zweitens war er ebenso übersichtlich wie das *Operncafé*. Mühsam ihre Abscheu verbergend und ängstlich darauf bedacht, sich nicht durch die »Existenz der Szene« zu kompromittieren, boten die Stadtväter den Schwulen und Lesben den im oststädtischen Abseits gelegenen *Gutenbergkeller* (Gutenbergplatz) als eine Art Absteige an. Mit Disco! Dieses Angebot wirkte zu Prüdels Zeiten verführerisch. Das sich in der »Kutte« entwickelnde rotlichtstichige Milieu war aber alsbald den Verwaltungshanseln der gaststättenbesitzenden HO nicht mehr ganz geheuer. Die nunmehr eingebaute Eingangsschleuse, bewacht von bestechungsgeldgeilen Schlagetots, bewirkte erfolgreich die Aussperrung aller Ortsfremden, die nicht in Begleitung eines Ansässigen erschienen. Aber auch die finanzschwachen Vertreter der Art blieben künftig außen vor. So hatte auch dieser Laden in Kürze seine Anziehungskraft verloren.

Zu allerwelts Entsetzen ging die verteufelte Minderheit nunmehr aufs Ganze: Sie annektierte das Allerheiligste der Leipziger Gastronomie: *Auerbachs Keller*. Die schrillen Paradiesvögel der Spezies, verwöhnt durch die anfängliche Freizügigkeit im vorigen Lager, huppten in schillernden Gewandungen balzend von Nische zu Nische und verschreckten mit ihrem Walpurgisnacht-Out-fit und -Gebaren die auf Goethes Pfaden wandelnden Touristen. Und in irgendeiner Ecke saß einsam die klunkerngeschmückte »Honkong-Gräfin« und betrachtete ebenso amüsiert wie angeekelt das subkulturelle Treiben.

Nach zwei Jahren gelang es den Verhüterlis denn doch, die Nomaden wieder ins Freie zu setzen, indem man die Karawane durch deftigste Preiserhöhungen zum Abbruch ihrer Zelte zwang. Und speziell bei den Kellnerinnen floß da manche bittere Zähre. Denn der Homo klatscht für gewöhnlich einer Kellnerin nicht auf den Hintern, wenn er seine Sympathie ausdrücken will, sondern belohnt sie mit einem fürstlichen Trinkgeld. Er gibt natürlich auch einem Kellner überdurchschnittlich viel »Staub«, sofern er gerade einen jüngeren Freund aufgegabelt hat: Man sieht, daß sich der reifere Homosexuelle in puncto Imponiergehabe nicht im geringsten von seinem heterosexuellen Altersgenossen unterscheidet.

Das letzte große Lager schlugen die Schwulen im historischen *Thüringer Hof* (Burgstraße 4) auf. Und aus diesem Etablissement ließen sie sich zu DDR-Zeiten auch nicht mehr durch das elende Essen und die kletternden Preise vertreiben.

Heute, nach über vierzig Jahren – o Leipzig, atme auf – ist erstmals die Verstreuung der Schwulen geglückt. Sie sind wie alle anderen Leipziger Kneipen-Szenaristen aus jeweils hundert anderen Gründen auseinandergerückt. Und so wäre es nicht sonderlich verwunderlich, wenn sie sich aufs Neue in den widerlichen Un-Freiraum der Pissoirs flüchten würden, um aus Angst vor krimineller Gewalt und auferstehender Verachtung wieder demütig in der schützenden, aber entwürdigenden Anonymität zu versinken.

... und wollten doch auch bloß ein bißchen fröhlich sein ...

AR

Soldatentage

Vor der Kaserne, vor dem großen Tor, werben Mitte der sechziger Jahre zwei Kneipen um die Gunst der bierbegehrenden Rekruten aus der Georg-Schumann-Kaserne in der gleichnamigen Straße: der *Goldene Löwe* und der *Roland*. Im *Roland* ist der Hackepeter fachmännisch mit Kümmel angerichtet. Im *Löwen* fällt das Bauernfrühstück meist üppiger als bei der Konkurrenz. Und da die Soldaten dazumal dauernd mit Rührei vermengte Bratkartoffeln oder durch den Fleischwolf gedrehtes Frischfleisch verschlangen, waren der Einfallslosigkeit der Gastronomen wahrlich keine Grenzen gesetzt. Aber man wird auch die Tristesse der Küche hinter dem Kasernenzaun verstehen können, wenn man bedenkt, daß die Landser offensichtlich obengenannte Gerichte bereits als kulinarische Genüsse ansahen!

Am intensivsten konzentrierten sich die mausfarben Uniformierten freilich darauf, schnellstmöglich das Stadium der Volltrunkenheit zu erreichen. Denn hinter den Mauern herrschte striktes Alkoholverbot, und die trotzdem eingeschmuggelten »Rohre« und »Granaten« reichten natürlich niemals aus, um den Betäubungsmittel-Bedarf der Garnison zu decken. Dabei war die Aussicht, am nächsten Tag und am nächsten Tag und am nächsten Tag wieder stundenlang über die Sturmbahn gescheucht zu werden oder hampelmännisch exerzieren zu müssen oder ringelnatterartig über die stinkenden Wiesen am Elsterflutbecken neben der Mülldeponie zu kriechen, ja wahrhaftig nur im Suff zu ertragen.

190

Und so wandten die Soldaten wesentlich mehr Energie für die Beschaffung des »Blauen Würgers« – eines weißen Fusels aus Altenburg – auf, als für die Suche nach irgendeiner Lili-Marlen. Das mag absonderlich erscheinen, aber wer nicht gerade am Ort wohnte, hatte natürlich auch kaum eine Möglichkeit, seine jeweilige Freundin häufiger zu sehen. Und ich sage »sehen«, da er keinerlei Möglichkeit hatte, sie zu Bett zu bitten. Und das nahegelegene Rosental ist ein ziemlich durchsichtiger Wald. Sich in der Stadt eine Freundin zu suchen war auch nahezu unmöglich, denn wer nur einmal in der Woche von 18 bis 24 Uhr den Bau verlassen darf, hat wenig Chancen, seine große Liebe im Getümmel zu entdecken. Und die wenigen wohnungsbesitzenden Nordstraßen-Nüttchen verlangten für »eine Nummer in der Heia« fünfzig Mark. Der Wehrsold betrug aber gerade mal achtzig Mark.

Wenn es allzu sehr pressierte, konnte der kleine Soldat gelegentlich im *Riebeckbräu* (Hainstraße 17), trefflich die »Rille« genannt, oder beim »Witwenball« im *Gasthof Thekla* Einlaß erflehen. Den Lustgewinn bei solchen Ausflügen ins ausschließlich Triebische vermag der Chronist freilich nicht einzuschätzen. Vermutlich saß er häufiger mit etwas höheren Chargen zusammen in der *Cottbuser Postkutsche* (ehem. Brühl 64/66, existierte als Nachtbar bis 1991) und machte sich gemeinsam mit ihnen über die dort seßhaften Prostituierten respektlos lustig oder auch über sie her.

Aber natürlich ist betreffs der auffallenden sexuellen Zurückhaltung der NVA-Soldaten auch das Gerücht im Umlauf, man hätte den armen Knaben eben »Hängeli« in den Tee gerührt. Was freilich bei dem abstrusen Ausbildungsalltag und der strikt vitaminfreien Kost eine nicht sehr notwendige Verabreichung gewesen wäre.

Jedoch nicht dergleichen Überlegungen werden dem damaligen Chef des Militärbezirkes III, Generalmajor Ernst, dazu bewogen haben, eines Tages unangemeldet zur Inspektion in der Georg-Schumann-Kaserne aufzutauchen. Wahrscheinlich war es ihm nur danach, sich einmal nicht mit einem hastig aufgemotzten Bild von Komißalltag verklapsen zu lassen.

Ein aufgebrachter Feldwebel, dessen Autorität offensichtlich nicht ausreichte, den Rekruten ihre gelegentlichen Unsitten auszutreiben, beschwerte sich lauthals beim Genossen General darüber, daß die Wehrpflichtigen ab und zu ihre Frühstücksbrötchen angewidert durch den Speisesaal pfefferten. Ernst ließ sich ein Brötchen bringen, biß es an und schmiß es sogleich in hohem Bogen durch die Kantine, indeß er den Feldwebel anschnauzte: »Soldaten sind die wichtigsten Männer in einer Armee! Seien Sie froh, daß die einen besseren Geschmack als Sie haben!«

Dieser öffentliche Rüffel bewirkte einerseits, daß die kleinen Soldaten wieder einmal an ein bißchen Gerechtigkeit in der Armee glaubten, aber andererseits alle Willkür, die sie bislang als »normal« angesehen hatten, an seinem Verhalten maßen. Und so stärkte ein General statt der Wehrbereitschaft den Verweigerungs-Mut der Soldaten, die künftig ziemlich häufig warnend-vernehmlich »Brötchen!« sagten, wenn ihnen ein Vorgesetzter allzuviel Schwachsinn zumutete.

AR

Letzte Nachrichten vom *Kaffeebaum*

Daß die Barockplastik *Zum Arabischen Coffe Baum* (Kleine Fleischergasse 4) eines der schönsten erhaltengebliebenen Gastgewerbezeichen Europas aus dem frühen 18. Jahrhundert darstellt, steht außer Frage. Fraglich ist allerdings alles, was mit ihr unmittelbar zusammenhängt! Man kennt bis heute weder den Bildhauer, der sie anfertigte, noch den Auftraggeber, der sie bezahlte. Kein Wunder, daß die Legendenbildung entsprechend groß war und noch immer ist. Fest steht eigentlich nur, daß im Leipziger Adreßbuch von 1720 erstmals erwähnt wird, daß »die Lehmannsche Witwe, auf der Fleischer-Gasse in ihrem Hause zum Caffee-Baum« eine Kaffeeschenke eröffnet hat. Ihr Mann, der seit 1697 in Leipzig ansässige Kaffeewirt Johann Lehmann (der kurz nach 1700 eifersüchtig behauptet, der älteste Kaffeewirt der Stadt zu sein, um seinen Anspruch auf diverse Privilegien durchzusetzen), erwirbt 1717 das »am Barfüßergäßgen gelegene Haus« und läßt es 1718/19 aufwendig um- und ausbauen. Leider kann er die Früchte seines Engagements für die Leipziger Gastronomie nicht mehr ernten – er stirbt 1719 inmitten der Vorbereitungen, so daß seine Witwe das Unternehmen sowohl eröffnet als auch die nächsten 23 Jahre führt. Nur wenige Quellen geben uns Auskunft, wie es bei Frau Lehmann zuging. Ob es so unreinlich war, wie sich ein ob seiner Noch-Ehelosigkeit verachtet fühlender Stammgast – kein geringerer als Professor Gottsched – 1728 durch die Zeitung sieht, sei dahingestellt:

»Die Wirthin und ihre Tochter saßen noch an dem Tische, und hatten etwas Speisen genossen, die keinen guten Geruch von sich geben mochten. Sobald sie mich gewahr wurde, befahl sie der Magd zu räuchern ... als ich von ihr hörte: Sie solle das Rauchfaß draußen lassen, es wäre doch nur der alte Junggeselle, der immer an dem Ofen säße.« Gottsched ist übrigens einer der ersten Leipziger Intellektuellen, von dem wir genau wissen, daß er ab 1723 regelmäßig ins Kaffeehaus geht – wenn man so will, vielleicht einer der ersten deutschen »Kaffeehausliteraten« überhaupt?

Etliche Kunsthistoriker haben versucht, den Bildhauer zu ermitteln, von dem die Portal-Plastik stammen könnte. War es Christian Döring, Caspar Löbelt oder – was am wahrscheinlichsten ist – der Permoser-Schüler Johann Benjamin Thomae? Aufgrund stilistischer Vergleiche ist anzunehmen, daß »der aus Sandstein erblühte Türke« im Auftragsumfeld oder gar als Nebenprodukt des Türkischen Gartens in Dresden entstand, dessen plastischer Schmuck heute überall verstreut (Neuruppin, Schwerin) ist. Ehemals fröhlich bunt bemalt, präsentiert sich das Kaffeetürken-Relief heute weniger sandsteinnaturfarben als mehr schmutziggrau (zunehmend beschädigt durch Umweltbelastung) mit einigen Blattgoldauflagen. Als Gastgewerbezeichen ist es sowohl motivisch als auch künstlerisch von Einmaligkeit – es gibt europaweit keinen Vergleich.

Wie die meisten historischen Kaffeehäuser ist auch der *Coffe Baum* zu keiner Zeit ein reiner Kaffeeschank gewesen. Schon bei der Lehmannschen Witwe werden neben Kaffee auch Wein, Liköre, Tee, Schokolade, Kleingebäcke und kalte Speisen serviert. À la carte speist man hier bereits kurz nach 1800, und Bier schenkt man sogar schon seit 1742.

Unter Maximilian Poppes Leitung 1833 – 1863 erlebt der *Coffe Baum* eine Blütezeit wie nie zuvor. Jahrelang sitzen ab 1833 in der linken Gaststube (der Schumann-Ecke) junge Musiker beisamen und diskutieren die unerfreulichen musikalischen Zustände der zeitgenössischen Bieder-Musik. Wie David gegen Goliath wollen sie antreten: Am Stammtisch gründen sie einen Klub, der als »Davidsbündler« tatsächlich in die Musikgeschichte eingehen wird, weil aus den hier geäußerten Ideen und schriftlichen Notizen »die ersten Blätter einer neuen Zeitschrift für Musik« hervorgehen – wie Robert Schuman selbst mitteilt – die einen wichtigen Schritt auf dem Weg zu einer modernen deutschen Musikkritik darstellen.

Auch Ideen zur Beförderung des gesellschaftlichen Fortschritts werden im *Coffe Baum* beraten. Zum Beispiel: Robert Blum. Er ist befreundet mit dem Kaffeebaum-Wirt Maximilian Poppe, der ebenfalls Deputierter der Frankfurter Nationalversammlung ist. Oder: Wilhelm Liebknecht und August Bebel. Oder: 1917 befindet sich hier das Organisationsbüro des großen Streiks der Metaller. Selten trifft das bekannte Wort Kautskys, daß die »Kneipen Bollwerke des Proletariats« gewesen seien, so zu wie auf den *Coffe Baum* um 1900, in dem vor allem Angehörige der arbeitenden Klassen verkehren, zu denen sich ihre Funktionäre gesellen.

Ein Franzose, Jules Huret, schreibt um 1910: »Zu einer kleinen schmutzigen Kneipe, Zum Kaffeebaum genannt, bin ich gepilgert, um ein Glas Bier an dem Tisch zu trinken, auf den Schumann täglich seine Ellbogen auflegte ... Fast nichts hat sich in dem kleinen Wirtslokal, wo heute fast nur noch Kutscher und Arbeiter einkehren, geändert. Wenn Sie hingehen, so gehen Sie allein, an einem trüben Tag, und Sie werden sehen, wie leicht es fällt, den reizbaren ruhelosen Geist des großen Musikers heraufzubeschwören.«

Offizielle Gäste der Stadt Leipzig werden eigentlich erst im 20. Jahrhundert reihenweise neben *Auerbachs Keller* auch in den *Coffe Baum* geschleppt: Das prominenten Besuchern vorgelegte Gästebuch des Hauses (leider sind mindestens zwei Bände verschwunden) verzeichnet neben Politikern (von Walter Ulbricht bis Helmut Kohl) und sonstigen Komikern (von Clown Grock bis Heinz Rühmann) vor allem viele Musiker, Dirigenten und Sänger (von Bärbel Wachholz bis Herbert von Karajan). Die Namen der täglichen Stammgäste, auch wenn es berühmte Leute sind oder einmal werden, findet man wie üblich in solchen Alltagsdokumenten nicht.

Bis 1970 – der letzte private Pächter Steudel gibt altershalber auf und an die HO ab – befinden sich die Gasträume nur im Erdgeschoß. Das 1978 im ersten Stock eröffnete Künstlercafe dient als Club-Lokal der Leipziger Künstlerverbände – mit ihrer Auflösung 1990/91 gibt auch das Cafe seinen Geist auf: Im Sommer 1992 wird endgültig ausgeräumt. Das Restaurant ist zu diesem Zeitpunkt bereits seit Monaten geschlossen.

Die oberen Stockwerke bestehen bis in die sechziger Jahre aus Wohnungen beziehungsweise sind gewerblich vermietet: Vom im Leipziger Adreßbuch stehenden Schuhmacher im vierten Stock (um 1900) bis zur wundersam getarnten dritten Etage, in der sich ab irgendwann in den DDR-sechziger/siebziger Jahren bis 1991 (!) eine »konspirative Wohnung« der Hauptabteilung XVIII der Stasi befindet, hat der *Coffe Baum* die erstaunlichsten Existenzen beherbergt. Daß die Miete für diese dritte Etage – in der sich bis 1990 offiziell Verhandlungsräume des VEB Mikroelektronik Erfurt, danach die der Nachfolge»firma« ERMIC GmbH befinden –

wahrscheinlich bis Ende 1991 von der Treuhand bezahlt worden ist, gehört zu den echten Treppenwitzen
der Wendezeit.

Aber damit nicht genug: Das Gerangel um die historische Edelimmobilie, das seit 1991 in vollem Gange ist,
treibt immer neue wundersame Blüten. Zuerst vergab
die Treuhand das Gaststättenbetreiberrecht an eine sich
mit Adlerschwingen (Signet) in Leipzig niederlassende
Firma namens Riccardo Genelli. Nachdem diese ihren
Textilhandel aufgegeben und sonstige Briefkästen abge-
schraubt hatte, erhielt den erneuten Pachtzuschlag eine
aus Leipzigern bestehende Leibgericht GmbH.

Haus und Grundstück vom *Kaffeebaum* waren zwi-
schenzeitlich dem Bundesvermögensamt »zugeordnet«
worden, nachdem die diversen Eigentumsansprüche
(auf jedem Grundstück der Innenstadt liegen bekanntermaßen 10 – 30 Ansprüche!) abgeklärt schienen.
Nun, nachdem die Stadt Leipzig trotz betriebswirt-
schaftlich trostlosen Nutzungskonzeptes sich entschlos-
sen hat, Haus und Hof in städtischen Besitz zu nehmen
und das Bundesvermögensamt von seiner »Kaffee-
baum-Bürde« zu befreien, ja – da geschieht, was geschehen muß – ein neuer privater Eigentumsanspruch
ist da!

Sollte es diesmal ein Reiseunternehmer sein, besteht ja
immerhin die Hoffnung, fürderhin »Kaffeefahrten«
vom *Kaffeebaum* aus buchen zu können.

UH

Verpaßte Chance 1990

Der große Versprecher aus Oggersheim, der inzwischen zum bekennenden Irrtümler mutierte, und der gescheiterte Bratschist, der schon vor Entdeckung seiner Vorgeschichte so recht als Mickerling dastand, schlichen sich am ... unangemeldet in den *Kaffeebaum* (Kleine Fleischergasse 4) ein.

Es gereicht dem Hause nicht sonderlich zur Schande, daß man Helmuts Wunsch nach einem hiesigen Bier an jenem dahingegangenen Tag nicht erfüllen konnte, denn wir waren ja dunnemals auch betreffs des Gerstengebräus alle auf dem »Test-the-West«-Pfad, den er uns als ausblickreiche Schneise im Porzellanladen vorgetrampelt hatte.

Als also die beiden gluckten in der Nische der »Davidsbündler« unterm Gedenkblech für Robert Schumann, fragte ich des Dünnemanns Türhüter, ob ich die Oberen um einen Platz an ihrem Tische bitten dürfe. Der sprach: »Versuchen Sie 's«. Aber der kräftigere Torbalken, deutsche Rheinufer-Eiche, knarrte: »Versuchen Sie 's nur!«

Daß ich, im Blickfeld der zur Einsamkeit verurteilten Landesverwalter, nicht aufschrie: »Hilf, Helmut, hilf!« beweist, daß ich mir seiner landesherrlichen Huld noch gar nicht so ganz sicher war. Und Lothar wollte ich auch nicht zur Hilfe rufen ... Aber warum fragte der Kanzler nicht nach dem Grund des Gezeters an der Pforte? War auch er noch nicht ganz davon überzeugt, daß er mit uns was zu tun haben wollte? So wird er vielleicht meine Meinung und darüberhinaus nie erfahren, daß ich an jenem Tag zwölf Flaschen Urkrostitzer im Handgepäck hatte: Zwei Chancen auf einmal zu verpassen, das gelingt eben doch bloß dem Koloß von Oggersheim!

AR

Armer Ritter

4	*altbackene Semmeln*
60 g	*geriebene Semmeln*
100 g	*Fett*
¼ l	*Milch*
50 g	*Zucker*
1	*Ei*
4	*bittere Mandeln*
¼	*Zitronenschale*
	Salz

Die Semmeln werden in etwa fingerdicke Scheiben geschnitten. Die Mandeln werden fein gehackt und mit der Milch, dem Eigelb, der Hälfte des Zuckers, einer Prise Salz sowie der geriebenen Zitronenschale gut verquirlt. Das Eiweiß wird mit etwas Milch geschlagen.
Die Semmeln werden nun mit der Flüssigkeit begossen und anschließend in geriebenen Semmeln und dem geschlagenen Eiweiß gewendet. In Fett werden die Semmeln von beiden Seiten etwa 5 Minuten goldbraun gebacken und mit dem Rest des Zuckers bestreut.

Brief aus der *Mitropa*

Wieder einmal sitze ich zwischen zwei Zügen in einer der riesigen, haushohen *Mitropa*-Gaststätten des größten Kopfbahnhofs Europas und erinnere mich beispielsweise unseres ersten gemeinsamen, aber verpatzten Mahles im Speisesaal zwischen den zwei großen Wartesälen: Wir hatten – und Messezeit war's – eine glasierte Kalbshaxe, umlegt mit Edelgemüse, bestellt, und ließen es uns munden, bis Du die Kakerlake entdecktest ...

Ich hatte Glück: Ich war schon satt.

Und wäre nicht Messe gewesen und rammelvoll das Lokal, hätte der herbeizitierte Restaurantleiter gewiß auf der Bezahlung des schon Verspeisten bestanden und bei Weigerung einen der allgegenwärtigen Transportpolizisten herbeigewunken.

Die Jungs von der Trapo müßte er heutzutage querbahnsteigauf und -ab suchen: Sie haben die Tür zu ihrem Revier vergittern lassen; und ehe man geklingelt hat, ist der Kofferdieb schon im Niemandsland.

Auch kann man sich momentan in solch einem Falle der Unterstützung durch andere Reisende nicht mehr sicher sein, denn der Bahnhof ist für viele unheimlich geworden: Die betrunkenen Obdachlosen und die Furcht vor etwaigem Räuber-Tourismus verunsichern auch mich zu später Stunde, und die fast leeren Bahnhofslokale (nach wie vor zu den größten in Europa zählend!) sind offensichtlich auch keine Schutzräume mehr: Die Zeitung meldet im November 1992 die Vergewaltigung einer Frau im Selbstbedienungsrestaurant!

Allmählich belebt sich freilich durch die strahlend neuen Geschäfte zwischen den beiden Hallen die Szene wieder ein wenig, aber vom früheren DDR-Rummel oder gar von der hochklassigen Gastronomie aus den Anfangsjahren der *Mitropa* kann längst noch keine Rede wieder sein. Auch die westbunten Pilz-, Würstchen- und Baguette-Imbißstände, mit denen man '91 das mächtige Gehäuse des Querbahnsteiges zersiedelt hatte, sind wieder verschwunden. Ihr relatives Billig-Angebot an Speisen und Getränken hielt natürlich den eiligen Gast vor den Eingängen der *Mitropa*-Gaststätten auf und zog mit funkelnden Bierbüchsen die Clochards magisch an.

Erinnerst Du Dich? Einst waren die Kellner in den Lokalen auf dem Hauptbahnhof die trinkgeldverwöhntesten in der ganzen Stadt. Dafür nahmen sie, wenn sie Rampendienst hatten, sogar schwerbeladen das elende Treppensteigen in Kauf. Und ich, wenn ich halbbesoffen aus einer Innenstadtkneipe kam und noch irgendeinen Bekannten zum Weiterquatschen finden wollte, schwankte zu nächtlicher Stunde in die proppenvolle *Mitropa*, in der die einsamen Rentner vor sich hindösten, die Durchreisenden hastig Bouletten aus einer Art Sägemehl in sich hineinstopften und Ortsansässige bei einer Tasse Kaffee der letzten (oder ersten) Straßenbahn harrten.

Nicht Vorspiegelung von Enthaltsamkeit ist der Grund, warum ich als Getränk nur den Kaffee erwähne: Auch in den achtziger Jahren war der Alkoholausschank auf dem Hauptbahnhof nur bis 23 Uhr statthaft. Wenn man allerdings einen Kellner etwas besser kannte, fragte der einen auch nachts um 3 Uhr noch, ob man vielleicht einen »guten« Kaffee benötigte? Bejahte man, floß wundersam aus dem Kännchen eine fifty-fifty-Mischung aus dem Bestellten und irgendeinem Brandy.

Wenn Du also verwundert bist, daß ich meinen Kognak immer in den Kaffee gieße, muß ich doch zugeben: Mit Kaffee francais hat das wenig zu tun. Das ist Kaffee à la Mitropa.

Und wenn irgendwann im Speisesaal oder im Kleinen Restaurant wieder wie in den siebziger Jahren Wiener Kaffeehausmusik erklingen sollte, könnten wir ja den Versuch unternehmen, zum zweiten Mal die Küche des Hauses zu probieren.

AR

Kressesalat

200 g	Kresse
2 EL	Essig
2 EL	Wasser
2 EL	Öl
1 TL	Salz
1 TL	Pfeffer

Die Kresse wird verlesen und gewaschen. Alle übrigen Zutaten werden vermischt und unter die Kresse gegeben. Der Salat sollte sofort serviert werden.

Weißkohl mit Kartoffeln

½	Weißkohl
500 g	Kartoffeln
¼ l	Brühe
	geriebene Semmeln, Butter, Salz

Die Kartoffeln werden in Salzwasser gekocht, grob geschnitten und anschließend in Butter gebraten. Der Weißkohl wird weich gekocht, in feine Stücke geschnitten und zusammen mit in Butter gerösteten geriebenen Semmeln sowie der Brühe zu den Kartoffeln gegeben.

Gebackener Camembert

4	Camembert
4	Eigelb
¼ l	Rotwein
	geriebene Semmel, Tomatenmark, Öl

Der Käse wird mit Eigelb und geriebenen Semmeln paniert und in Öl goldgelb gebraten. Danach mit Rotwein ablöschen, Tomatenmark auf die Käse geben und mit Weißbrot servieren.

Lob der Schenke

4

Um Heu zu wenden und den Mist zu stapeln,
sich beizustimmen Kontrabaß und Geige,
ein Nest zu flechten in verwirrte Zweige
und um Spaghetti gleich entrollten Kabeln
in klare Wicklung wieder auszufitzen,
und um des Fahrrads Speichenrund zu halten,
um sektfrühstücklich Rollmops aufzuspitzen
und gegen Abend im Aspik, dem kalten,
der Politik, vergnüglich rumzupicken,
ohn' daß man selber sich beschmiert mit Schmand,

bedarf es ihrer. Und es wär blamabel,
wenn alte Messer drob die Klingen zücken.

Was sich verzweigt wie Finger an der Hand:
An der Kulturen Gablung ragt – die Gabel.

AR

ANHANG

Literatur

Amaranthes (= Gottlieb Siegmund Corvinus): Nutzbares, galantes und curiöses Frauenzimmer-Lexicon ... Leipzig: Johann Friedrich Gleditsch 1715 (Neudruck Leipzig 1980, hg. u. kommentiert von Manfred Lemmer)

Anerkannter Zeitvertreib Des grossen und mannigfachen Vergnügens auf den weltbekannten Lust-Saale Des so genannten Brandtvorwergs ohnweit Leipzig ... Franckfurth/Leipzig (1746)

Benndorf, Paul: Zwei vergessene Leipziger Goethestätten. Das ehemalige Hahnemannsche Gut und der Große Kuchengarten, Leipzig 1922

Böhnke, Gunter/Heinz-Jürgen-Böhme, Die Gose. Ein patriotischer Epilog, in: Leipziger Blätter 14 (1989) 19 – 21

Bormann, Edwin: Leibz'ger Allerlei. Fimf Biecher Boesiegedichder Leipzig 1885

Carus, J.V.: Logen-Arbeiten, gehalten in der Loge Minerva zu den Drei Palmen in Leipzig, Leipzig 1882

Daehne, Paul: Wahrhaftige Chronika von Aeckerleins Keller ... hg. v. Curt Däweritz, Leipzig 1921

Daehne, Paul: Auerbachs Keller. Auerbachs Hof. Mädlerpassage 1530 – 1930, Leipzig 1930

Dißmann, Berta: Ratgeber für Herd und Haus, Dresden 1919

Dölle, Christine: Sächsisches Kochbuch, Leipzig 1991

Eger, Susanna: Leipziger Koch-Buch, welches lehrt was man auf seinen täglichen Tisch ... Leipzig 1706

Erler, Georg: Leipziger Magisterschmäuse im 16., 17. und 18. Jahrhundert, Leipzig 1905

Halander, Christian: Die Unschätzbarkeit Des Galanten Leipzig und sonderlich des Kostbaren Auerbachs-Hofes, Leipzig: Johann Theodor Boetius 1717

Heise, Ulla: Richters Coffe Haus 1772 – 1794, in: Michael Müller/Ulla Heise, Das Romanushaus in Leipzig, Leipzig 1990, 61 – 70

Jäger, Marie, Illustriertes Kochbuch für einfache und feine Küche o. J. (um 1880)

Kaiser, Dolf: Fast ein Volk von Zuckerbäckern? Bündner Konditoren, Cafetiers und Hoteliers in europäischen Landen bis zum Ersten Weltkrieg, Zürich o. J.

Kochkunst, Die wahre bürgerliche ... Nicht aus Büchern abgeschriebene, sondern in der Küche selbst gemachte Erfahrungen einer Hausmutter, Leipzig 1838

Kroker, Ernst: Doktor Faust und Auerbachs Keller. Die Sage vom Faßritt, Leipzig 1903

Kunze, Therese: Leipziger Kochbuch, Leipzig 1887

Müller, Ernst: Die Häusernamen von Alt-Leipzig, Leipzig 1931

Neumann, Werner, Das »Bachische Collegium Musicum«, in: Bach-Jahrbuch 47 (1960) 384 – 415

Pilz, Herbert: Leipziger Kulinarien. Heft 1 – 7 (Manuskriptdrucke), Leipzig: 1985 – 1990

Reuther, Fritz: Wurstsatzverse, in: Leipziger Kalender. Illustriertes Jahrbuch und Chronik, Leipzig: Georg Merseburger 1909, 225 – 230

Saalbach, Henriette: Die kleine sächsische Köchin, Dresden 1854

Sächsische Küche: hg. v. Sächsischen Staatsministerium für Sächsische Küche: hg. v. Sächsischen Staatsministerium für Staatsministerium, Leipzig 1992

Schade, Richard Erich: An Early Enlightenment Comedy: Bachs »Kaffee-Kantate« (1734/35), in: The Enlightenment and Its Legacy, ed. b. Sara Friedrichsmeyer/Barbara Becker-Cantarino, Bonn 1991, 55 – 60

Schimpfermann, Helmut-Henning: Wirtliches an der Pleiße, Hanau 1991

Schulze, Hans-Joachim: Ey! wie schmeckt der Coffee süße. Johann Sebastian Bachs Kaffee-Kantate in ihrer Zeit, Leipzig 1985

Stolle, Ferdinand: Sachsens Hauptstädte. Ein humoristisch-politisches Doppelpanorama, Leipzig 1834

Universal-Lexikon der Kochkunst, 2 Bde, Leipzig 1893

Wustmann, Gustav: Der Wirt von Auerbachs Keller. Dr. Heinrich Stromer von Auerbach 1482 – 1542, Leipzig 1902

Bildnachweis

Stadtgeschichtliches Museum:
S. 45, 46, 47, 49, 51, 61, 92, 129, 171, 175 und 177

Musikbibliothek Leipzig:
S. 112

Gastro Communication Leipzig (Repro, Archiv):
S. 10, 24, 38, 58, 66, 69, 71, 72, 75, 96, 109, 114, 119, 124, 134, 137, 157, 159, 161 und 164